Bernd Möbs

Unterwegs zu Stuttgarts Dichtern

Neue literarische Spaziergänge

Silberburg-Verlag

Umschlagvorderseite: Arkadengang bei der Stuttgarter Markthalle, Margarete Hannsmann (Porträt oben), Wilhelm Raabe (Porträt Mitte), Albrecht Goes (Porträt unten).

Umschlagrückseite: Honoré de Balzac (Porträt oben), Felicia Zeller (Porträt Mitte), Nikolaus Lenau (Porträt unten).

Der Autor:

Bernd Möbs, geboren 1964 in Köln, ist gelernter Diplom-Ingenieur und lebt seit 1996 in Baden-Württemberg. Seit 2005 ist er als Literaturdozent und literarischer Stadtführer sowie als Mitarbeiter im Haus der Geschichte Baden-Württemberg tätig. Des Weiteren arbeitet er in einer Weinhandlung in Stuttgart und gibt Seminare zu weinkundlich-literarischen Themen.
Gerne führt der Autor Gruppen entlang der im Buch beschriebenen Wege. Öffentliche Führungen zu den Spaziergängen des Buchs sowie weitere Veranstaltungen finden Sie auch unter www.bernd-moebs.de.

Bernd Möbs
Literatur, Geschichte und Wein
Albert-Schäffle-Straße 70, 70186 Stuttgart
Telefon (07 11) 2 62 41 17, info@bernd-moebs.de

1. Auflage 2012

Umschlaggestaltung: Anette Wenzel, Tübingen, unter Verwendung einer Fotografie von Niels Schubert und drei Archivfotos des Silberburg-Verlags.
Kartengrundlagen: Landeshauptstadt Stuttgart, Stadtmessungsamt, Übersichtskarte im Maßstab 1 : 30 000 (Innenteil) und »Bezirksübersichtskarte im Maßstab 1 : 100 000« (vordere Umschlaginnenseite), jeweils bearbeitet durch den Verlag;
Stuttgarter Straßenbahnen AG, »Stadtbahnliniennetz« (hintere Umschlaginnenseite).
Druck: Gulde-Druck, Tübingen.
Printed in Germany.

ISBN 978-3-8425-1171-2

Inhalt

Eine Vision im Bopserwald

Wir befinden uns im Jahr 2012. Ganz Stuttgart ist mit den immer gleichen Themen beschäftigt. Was geschieht mit dem Bahnhof? Wo entsteht das nächste Riesen-Einkaufszentrum und wie heißt es? Wird der nächste Bürgermeister grün, rot, schwarz oder ist er schon ganz gelb im Gesicht? Ist die neue Bibliothek ein Tempel oder ein Knast?

Ist wirklich die ganze Landeshauptstadt damit befasst? Nein! Ein unbeugsamer Einzelgänger, der vor langen Jahren seinen Weg aus dem Rheinland in die Schwabenmetropole fand, widersetzt sich den immer gleichen Schlagzeilen und versteckt sich stattdessen mit einem schönen Buch voller anmutiger Verse in den Stuttgarter Wäldern oder am Stuttgarter Stadtrand. Dabei versucht er, still auf jede Stimme zu lauschen, womöglich will ihm Stuttgardia, die Schutzheilige Stuttgarts, eine geheime, Mut spendende Botschaft einflüstern?

Eines Tages, an einem milden, sonnigen Maitag, war es dann so weit. Gerade spazierte unser reingeschmeckter Rheinländer am Bopserwald herum, in der Nähe des ehemaligen Freilichttheaters. Da hörte er plötzlich Stimmen, eine männliche und eine weibliche. Es waren geradezu überirdische, sphärische Stimmen, die nicht von gewöhnlichen Menschen stammen konnten. Und siehe: Von den Baumkronen her leuchtete ein unnatürliches Licht und in dem blendend weißen Strahlenkranz sah er Stuttgardia. Sie hatte ihn erhört! Aber sie war nicht allein, denn neben ihr stand als edler Recke unser großer schwäbischer Dichterheld Friedrich Schiller. Seine Locken wallten feurig im Licht, sein Antlitz war furchterregend. Und beide, Stuttgardia und Schiller, sprachen zu ihm gleichzeitig mit klarer, gebietender Stimme: »Mein Sohn, lass dich nicht von den dunklen Stimmen des Zeitgeistes verwirren und verschrecken, richte die Augen empor zum Himmel der Dichter! Vollende das Werk deiner literarischen Spaziergänge und führe die Menschen wieder zu den heiligen Stätten der Dichter und Schriftsteller in Stuttgart, auf dass sich ihr Geist mit Freude erfülle und sich in ihren Ohren die verzückenden Klänge der Dichtkunst verlauten lassen! Als Hilfe nimm hier diese Glücksschuhe und dieses Hutzelbrot als Wegzehrung, auch wenn beide schon siebenhundert Jahre alt sind!« Danach trat Stille ein und die Vision war vorüber.

Da ward das Herz unseres Jünglings wieder voller Mut und er stürmte mit den Glücksschuhen überall in der Stadt umher,

Im Bopserwald kann der literaturinteressierte Spaziergänger einige Überraschungen erleben.

aß das etwas harte Hutzelbrot und sammelte wieder Dichter und Schriftsteller Stuttgarts und ihre stolzen und beglückenden Dichterworte wie dermalen einst mit seinem ersten Buch.

So oder so ähnlich mag es sich zugetragen haben, warum nicht? Ihnen, liebe Leserinnen und Leser, viel Spaß beim Lesen und Entdecken der neuen literarischen Spaziergänge. Und seien Sie im Bopserwald besonders aufmerksam!

Talwald
Feuerbach
Kräherwald
Kräherwald
Feuerbacher
Robert-
Lenzhalde
Hauptmannsreute
Herd-
weg
Doggenburgstr.
385
Dillmannstr.
Hölderlin-
str.
Traube
Siegle-
Gauß- str.
Zeppelin-
Lerchen
407
Gustav-
Rosen- bergpl.
Klopstockstr.
Rosenbergstr.
Forst-
Gaußstr.
Köllestr.
Forst-
str.
Bebelstr.
Herder-
Vogelsang-
Arndts.
Seyffer-
Elisa-
293
Vogel-
Bismarck-
Schwab-
Rotenwaldstr.
Herderstr.
Reinsburgstr.
Röte-
Augusten-
Reinsburg-
U. d. Birkenkopf
Hasenbergsteig
Hasen-
0 1 : 15 000 500m

Zwei Königskinder, ein Spion und ein Schilflottchen

Tour 1

Unterwegs im Stuttgarter Westen

A Schduergerder Schdäffeles- on Drebbadexdle

Hin- on Herwegh-
Von dr Sünder- zur Himmelsschdaffel
on omkehrd
a wa des send doch ned bloß
d Hasa-, d Mönchs-, d Weibergschdaffla
wos ruff on nonder gohd
raus ausam Kessel on nei in de Kessel
d Buachahof-, d Buchwald-, Burghalda-, Ehrahalda-,
d Haigschd-, Happold-, Herder-, Krieger-, Lischd-, Lorenz-,
ned bloß d Novalis-, d Schdrauß-, Dauba-, Wächder-
samd de Eugen-, Sänger-, Röte- und d Hin- und Herwegh-
schdaffla

(Helmut Pfisterer)

Ja, welche denn noch alle? Helmut Pfisterer, der lange im Stuttgarter Westen in der Herweghstraße wohnte, gibt uns die Richtung vor und zeigt sich so in »Stäffelestrance«, dass er die nicht existierende Herweghstaffel glattweg dazufantasiert. Hoffentlich geraten Sie auch in Stäffeles-Entzückung, denn wir wollen uns auf eine poetische Stäffeles- und Pflastertour am Rande des Stuttgarter Westens begeben. Diese wird uns durch klangvolle Namen der Staffeln und Straßen versüßt, die nach Dichtern vor allem der Romantik benannt wurden. Und zum Schluss wartet schließlich der seit langem verschwundene Vogelsangweiher auf uns, der in Werken von Nikolaus Lenau und Theodor Storm geradezu unsterblich wurde.

Bushaltestelle »Doggenburg«

Wir starten unsere Tour am Rand des Kräherwalds an der *Bushaltestelle »Doggenburg«*, wo sich Herdweg und Lenzhalde gabeln. Wir gehen zunächst den *Herdweg* abwärts, der mit seinen efeubewachsenen Villen, den Lindenbäumen und wenig

Der obere Herdweg um 1860, gemalt von Eduard von Kallee.

Verkehr einen beschaulichen Eindruck macht. Rechts zweigt die *Doggenburgstraße* ab, benannt nach einer Jagdhundzüchterei im 19. Jahrhundert. Hier befand sich ab 1907 bis 1942 ein Vorgänger der Wilhelma, der Tiergarten Doggenburg. Schließlich kommen wir zur *Kreuzung Herdweg/Cäsar-Flaischlen-Straße.*

Kreuzung Herdweg/Cäsar-Flaischlen-Straße

Kennen Sie Cäsar Flaischlen? Dessen Band »Von Alltag und Sonne« mit lyrischen Prosatexten nach dem Ersten Weltkrieg eine viertel Million Mal verkauft wurde? In Stuttgart wurde er 1864 in der Rotebühlstraße 63 geboren. Wenn Sie noch nicht zur »Generation Facebook« gehören, sondern noch zur »Generation Poesiealbum«, dann werden Sie dort vermutlich dieses Gedicht von ihm finden:

Hinfahrt	Buslinie 43, Haltestelle »Doggenburg«.
Rückfahrt	Stadtbahnlinien U2 und U9, Buslinie 40, Haltestelle »Vogelsang«.
Länge	5 Kilometer.
Dauer	3,5 Stunden.
Einkehrmöglichkeiten	**Bar Café »Scardanelli«,** Hölderlinplatz 10, Telefon (07 11) 2 84 23 71. **Restaurant »Lässig«,** Bauernmarkthalle, Rückertstraße 7, Telefon (07 11) 60 14 57 07.

Hab Sonne …
Singweise: Der Mai ist gekommen

Hab Sonne im Herzen,
ob's stürmt oder schneit,
ob der Himmel voll Wolken,
die Erde voll Streit …
hab Sonne im Herzen,
dann komme was mag:
das leuchtet voll Licht dir
den dunkelsten Tag!

Hab ein Lied auf den Lippen
mit fröhlichem Klang,
und macht auch des Alltags
Gedränge dich bang …
hab ein Lied auf den Lippen,
dann komme was mag:
das hilft dir verwinden
den einsamsten Tag!

Hab ein Wort auch für andre
in Sorg und in Pein
und sag, was dich selber
so frohgemut läßt sein:
Hab ein Lied auf den Lippen,
verlier nie den Mut,
hab Sonne im Herzen,
und alles wird gut!

Viele Gedichte von Cäsar Flaischlen sind recht eingängig und fast schlagerverdächtig. Flaischlen schrieb einfache Texte und Gedichte, die die Menschen damals aufbauten und ihnen Mut machten. Ein »Sonnenschein« war er selbst allerdings nicht, sondern eher schwerblütig, zäh und knorrig, wie Theodor Heuss ihn einmal beschrieb. Seine Biografie erinnert zu Beginn an die Laufbahn von Hermann Hesse. Nach einigen Irrungen und Wirrungen mit abgebrochener Schulausbildung, Buchhändlerlehre und Studium in Berlin blieb er in der Reichshauptstadt, denn: »In Stuttgart blüht mein Lorbeer nimmermehr, Berlin ist die Stadt der Jugend!« Bis dahin hatte er schon Gedichte und Reiseberichte veröffentlicht, allerdings unter Pseudonymen wie »Erich Jarlsen« oder »C. F. Stuart«. Letzteres ist kurioserweise eine Abkürzung für »Cäsar Flaischlen Stuttgart«. In Berlin verdiente er sich als Literaturredakteur der Zeitschrift für Avantgardeliteratur »PAN« ab 1895 Meriten, danach lebte er ausschließlich von seiner Dichtung. In seinem autobiografischen Werk »Jost Seyfried«, erschienen 1905, schreibt er, wie schwer es doch ist, in Berlin zu bestehen:

Nicht immer »Sonne im Herzen«, sondern eher »schwerblütig, zäh und knorrig«: der 1864 in Stuttgart geborene Dichter Cäsar Flaischlen.

So bin ich nach Berlin gekommen! So bin ich hier! ... und
so will ich hier aushalten! ... und siegen oder fallen!
[...]
Ich hätte in Schwaben bleiben können, ich hätte es leichter
und ruhiger und freundlicher gehabt ...
hier: wohin ich sah, nirgends ein Weg!
wohin ich fühlte, alles fremd und feind!
wohin ich horchte, auch nicht ein verwandter Klang! [...]
Und doch:
Berlin ist die Welt! Berlin ist das ... Leben!
und ich will Herr drüber werden
und mit seinen eigenen Waffen will ichs
zwingen! und ... ich werd es!

Nachdem er nach Württemberg zurückgekehrt war, starb er schließlich 1920 auf dem Höhepunkt seines Ruhmes und wurde auf dem Stuttgarter Pragfriedhof begraben.

Die Zeilen des Gedichts »Hab Sonne im Herzen« aus dem Poesiealbum helfen nun allerdings nicht jedem, wie die Geschichte eines Verlages an der nächsten Stelle zeigt. Wir gehen nun rechts in den Fußweg, wo sich die Cäsar-Flaischlen-Straße fortsetzt, bis kurz vor der Einmündung der *Hauptmannsreute*. Dort befinden sich hangaufwärts die beiden Häuser *Cäsar-Flaischlen-Straße 3 und 5*, erbaut 1930/31 von den Brüdern Richard und Erich Lenk. Beide hießen eigentlich bis 1930 Levy mit Nachnamen und waren Juden. Sie leiteten den Stuttgarter Kinder- und Jugendbuchverlag Levy & Müller, dessen Verlagsgebäude sich ab 1926 im Stuttgarter Westen in der Rosenbergstraße 113 befand. Eine ihrer Bestsellerautorinnen war die Ludwigsburgerin Tony Schumacher (1848–1931), die zahlreiche Erzählungen und Anthologien bei Levy & Müller veröffentlichte. 1932 veröffentlichte auch Erika Mann, die Tochter Thomas Manns, ihr Jugendbuch »Stoffel fliegt übers Meer« in dem Stuttgarter Verlag. Im Dritten Reich wurde den Brüdern Lenk dann übel mitgespielt. Sie mussten ihr Unternehmen für einen Spottpreis verkaufen, Sondersteuern bezahlen und wurden ins KZ Dachau eingeliefert. Ihnen gelang unter großen Schwierigkeiten die Flucht in die USA. Ihre Häuser bekamen sie nicht

Cäsar-Flaischlen-Straße 3 und 5

wieder. In seinem Lebenslauf 1949 formulierte Richard Lenk noch einmal das Verlagsprogramm: »Es war immer das Bestreben des Verlags und seiner Inhaber, der Jugend eine gute Kost zu geben, sie fortzubilden und ihr die Geistesschätze der Literatur in einer für sie schmackhaften und verständlichen Form auf der Grundlage demokratischer Weltanschauung zu vermitteln.«

Die in Ludwigsburg geborene Jugendbuchautorin Tony Schumacher veröffentliche zahlreiche Jugendbücher im Verlag Levy & Müller.

Nun wollen wir auf dem Weg zur nächsten Station wieder etwas an Höhe gewinnen. Dazu gehen wir von der Cäsar-Flaischlen-Straße ein Stück entlang der *Hauptmannsreute* und dann rechts in die *Lilienthalstraße*. An deren Ende führt eine Staffel aufwärts in die *Zeppelinstraße*, die wir nun links herum wieder abwärtsgehen. Während der Herdweg schattig und ruhig war, leuchtet die Zeppelinstraße bei Sonnenlicht gleißend hell, passend zum Namensgeber, dem strahlenden Schwabenhelden Ferdinand Graf von Zeppelin (1838–1917). Nach etwa 300 Metern erreichen wir in einer Rechtskurve die *Zeppelin-Aussichtsplatte*. Hier öffnet sich zur Rechten die ganze Breite des Stuttgarter Talkessels.

Zeppelin-Aussichtsplatte

Der Namensgeber der Straße und der Aussichtsplattform war ja nun kein Dichter, sondern General und eben berühmter Konstrukteur der gleichnamigen »fliegenden Zigarre«. Er wohnte an seinem Lebensende nicht weit entfernt von hier im Herdweg 66, wo sich heute das Eberhard-Ludwigs-Gymnasium befindet. Und um ihn aber als Luftfahrthelden entsprechend dichterisch zu würdigen, eignet sich ein Gedicht der heute unbekannten in Ludwigsburg verstorbenen Schriftstellerin Anna Bechler (1861–1941) hervorragend, das im Jahre 1908 zu seinem 70. Geburtstag erschien und das Graf Zeppelin stimmungsvoll im Geiste der wilhelminischen Zeit preist. Da war gerade sein Luftschiff in Leinfelden abgebrannt, und das Gedicht sollte dem edlen Recken Graf Zeppelin Mut machen. Hier ein Auszug:

Im Württemberger Land da lebt ein Held,
Der lenkte kühn ein stolzes Schiff der Lüfte,
Das flog von Sieg zu Sieg.
Bis daß ein Sturm den Todesbrand entfachte,
Der grausam wütend das Gebild zerriß,
Das wie ein Zauberbau in Wolken schwebte.

Dem Feuertod verfallen war das Haus,
Das jenen Helden trug … Doch er, er lebt
Und steht erschüttert, doch ein echter Mann,
Vor seinem Werk. Es glüht ja noch wie einst

Im Herzen ihm der frohe Siegesmut,
Und blitzt ihm hoffnungsvoll aus klarem Aug':
Und wie Erlösung ringt das Wort sich los,
Das wie ein Zauberruf das Land durchbraust:
Noch lebt der Schwabenheld, »furchtlos und treu«,
Der riesenhaft gekämpft im Lebenssturm
Und jetzt, das siebzigjähr'ge Herz voll Freudigkeit,
Auf neues Glück vertrauend, tapfer spricht:
»Was mir in Trümmern fiel, das bau ich neu!«

Bevor wir furchtlos und treu weiterspazieren, schauen wir von der Aussichtsplattform in Richtung Uhlandshöhe, die die Grenze zwischen der Stuttgarter Innenstadt und Stuttgart-Ost markiert und an der Sternwarte zu erkennen ist. Wir stellen uns vor, wir könnten dort einen Fünfzehnjährigen sehen, wie er mit seiner Schulfreundin ohne Handy in der Hand und iPod-Stöpsel im Ohr im Gras sitzt. Später schrieb diese Schulfreundin mit dem Namen Nora Winkler von Kapp:

Tränen der Rührung vergoss der Romancier Bruno Frank zusammen mit einer Jugendfreundin auf der Uhlandshöhe über Thomas Manns »Buddenbrooks«.

Wenn jemand, bald nach der Jahrhundertwende in Stuttgart, die heimströmenden Schulkinder beiderlei Geschlechts beobachtet hätte, würde er, weit hinter den andern, ein zwölfjähriges Mädel mit fliegenden Zöpfen neben einem auffallend schönen Knaben von 15 Jahren erblickt haben, der dem hingebungsvoll lauschenden Kind aus einem kleinen Buch, heftig skandierend, Verse vordeklamierte, während seine tiefblauen Augen leuchteten und er seine ungebärdigen Locken zurückwarf. Das Kind blieb manchmal stehen und sagte: »Das ist schön, Bruno!« oder auch: »Nein, das mag ich gar nicht!« Halb ärgerlich, halb verlegen pflegte er dann zu antworten: »Warte nur, wenn ich erst ein Dichter bin, mache ich alle Gedichte nur für Dich, die musst Du dann lieben!« [...] Sein Abgott und Vorbild war Thomas Mann, und wir lasen, versteckt auf der Uhlandshöhe sitzend, fiebernd »Die Buddenbrooks«, die uns Tränen der Rührung und Belustigung entlockten und mir eine ganz neue Welt öffneten. [...] Wenn ich bei gewissen Stellen mich ins Gras warf, und vor Wonne jauchzte, seufzte Bruno schwer und meinte: »Ach, nie werde ich so schreiben können und die Menschen zum Lachen und Weinen bringen!«, worauf ich ihn mit etwas schlechtem Gewissen tröstete und ihm Ruhm und Größe vorhersagte.

Ihre Vorhersage war gar nicht so übel. Bruno wurde zwar kein Lyriker, aber ein berühmter Romancier und Lustspielschreiber und sogar mit seinem Abgott und Vorbild Thomas Mann bekannt: Bruno Frank, 1887 in der Silberburgstraße 159 im Stuttgarter Westen geboren. Sein Ruhm ist allerdings verblasst: Seine historischen Romane wie »Cervantes« oder »Trenck. Roman eines Günstlings« finden heute nur wenig Leser. Einzig sein Lustspiel »Sturm im Wasserglas«, das im bayrischen Beamtenmilieu spielt, wurde immer wieder verfilmt, 1989 noch einmal fürs Fernsehen. Der Jude Bruno Frank musste 1933 in die Emigration und verstarb 1945 in Beverly Hills in Kalifornien.

Wir gehen nun die *Zeppelinstraße* wieder ein Stück zurück. Gegenüber der *Zeppelinstraße 129* zweigen Treppenstufen rechts ab. Wir folgen diesem alten Fußweg, der sich schon auf Karten des 19. Jahrhunderts findet. Er windet sich mal nach rechts und links, führt an Kleingärten vorbei und über einen befestigten Steg. Und jetzt, Obacht! Fast *am Ende des Fußwegs etwa dreißig Meter oberhalb der Straße Hauptmannsreute*, genau dort, wo man das erste Mal die nächste Straße sieht, entdeckt man rechts eine Steintafel in der Wand, auf der steht:

Am Ende des Fußwegs etwa dreißig Meter oberhalb der Straße Hauptmannsreute

12- -86
FORSTBURG
18- -70
CARL HÄBERLE

Was wollen uns diese Zeilen sagen? War ein gewisser Carl Häberle von 1286 bis 1870 ein stolzer Burgherr? Hat es etwa eine mächtige Ritterburg im Stuttgarter Westen gegeben? Hören wir, was in der Sage »Der verborgene Schatz auf dem Forste« dazu steht:

Nun gelangen wir zu dem Berge, dessen Name »Forst« ist [...] Auch er trug einst ein stolzes Gebäude, »Forstburg« genannt, die den Edlen von Büren gehört haben soll, welche großen Güterbesitz im Glemsthal gehabt haben. Der Umfang der Veste war sehr groß und ihre Türme und Wehre hoch und stark. Die Zeit ihrer Erbauung ist unbekannt, zerstört wurde sie mit anderen Burgen um Stuttgart 1287, vor welchem Jahreslauf ein solch geiziger Burgherr auf dem Forste gesessen haben soll, der zuweilen Betteln gegangen, obgleich er großen Reichtum besaß, und nur eine einzige Tochter hatte, deren Mutter eine von Rosenberg war, welche unter dem geheimnisvollen Namen »die weiße Frau« bekannt ist. [...] Dieser Edle von Büren auf der Forstburg plagte aus Geiz seine Ehewirtin also, dass sie mit ihrem Töchterlein den blassen Hunger leiden mußte. Zuletzt machte er ihr die Zumutung, »auf Haische« [Forderung] zu gehen, bei

War vielleicht Carl Häberle der Herr über die sagenumwobene Forstburg? An der Staffel zwischen der Hauptmannsreute und der Zeppelinstraße verweist dieser Mauerstein auf eine Sage aus dem 19. Jahrhundert.

ihren Verwandten, und als sie sich des weigerte, riß er ihr die Kleider vom Leib und jagte sie im Nachthemde hinaus in die dunkle Nacht.

Was sagt man zu einem solchen Ehemann? Als die verstoßene Gemahlin das Gewann Schwarenberg im heutigen Stuttgarter Osten erreichte, betete sie inbrünstig und bat den lieben Gott wenigstens um ein Kleid. Und siehe da, ein Engel legte ihr ein schneeweißes Gewand zu Füßen. Nun klapperte die arme Frau sämtliche verwandte Adelige ab, um Unterschlupf zu finden: Auf dem Hohenstaufen klopfte sie an, bei den Helfensteinern, in Wien bei den Habsburgern und schließlich sogar beim Böhmenkönig Wenzel in Prag. Doch niemand hatte Erbarmen. Nun ging sie wieder zurück Richtung Stuttgart, doch in allerletzter Minute wurde König Wenzel reumütig und bat sie zurück ins Schloss. Als sie nicht wollte, wurde er zornig und ließ sie gefangen nehmen und enthaupten. Nun tauchte die Frau bei einem nach dem anderen wieder als Geist auf, und bei jedem hatte das letzte Stündlein geschlagen. Schließlich war sie wieder auf der Forstburg. Ihr Gemahl saß gerade mit seinem treuen Hund tief im Gewölbe vor seiner Geldkiste, die er mit einem Schlüsselbund aufmachen wollte. Als er seine Frau sah, wirft der Unhold mit dem Schlüssel nach ihr. Das war sein letzter Akt: Er fand keinen Ausweg mehr aus seinem Gemäuer und verschied elendig.

Jetzt mögen Sie sich womöglich fragen, ob es einen wahren Kern der Geschichte gibt und ob im Stuttgarter Westen wirk-

Friedrich Wolf, der Dramatiker, Kommunist und Arzt, kam nicht dazu, das »naziotische Spitzdach« von seinem Haus in der Zeppelinstraße zu schießen. Das erledigten vorher schon die alliierten Bomber. Nach dem Zweiten Weltkrieg wurde es völlig neu wieder aufgebaut.

lich eine Burg gestanden hat? Es gab einmal eine kleine Befestigungsanlage in der Steinenhausenstraße, aber eine stolze »Forstburg« hat es nie gegeben.

Wir gehen nun die Staffel abwärts zur *Hauptmannsreute*, wenden uns nach links, überqueren die Straße und folgen dem Fußweg durch die Grünanlage entlang der Gäubahn bis zum *Honoldweg*. Dort wenden wir uns nach rechts unter der Gäubahn hindurch und folgen dem Honoldweg weiter bis zur Fußgängerampel über die *Zeppelinstraße*. Diese überqueren wir und gehen gegenüber in die Staffel an zwei Mammutbäumen hinunter, biegen rechts herum in die *Gutbrodstraße* und gehen bis zur Hausnummer 89 A. Gegenüber führt eine Sackgasse leicht aufwärts, wir folgen ihr bis fast ans Ende. Nun sehen wir *schräg oberhalb Gutbrodstraße 89A* rechts oberhalb ein Haus mit Satteldach, es ist die Rückseite der Adresse Zeppelinstraße 43.

Schräg oberhalb Gutbrodstraße 89 A

Hier treffen wir nun keinen Schlossherren und keinen edlen germanischen Recken der Lüfte, aber dafür einen unglaublich gut aussehenden Mann, der naturkundlicher Arzt, Schriftsteller, Dramatiker und Kommunist war: Friedrich Wolf, geboren 1888 in Neuwied im Rheinland. Er lebte ab 1928 fünf Jahre hier und hatte sich von dem renommierten Stuttgarter Architekten Richard Döcker ein modernes, avantgardistisches Flachdachhaus bauen lassen. Nach vielen Veränderungen und einem Bombentreffer im Krieg ist von der ursprünglichen Architektur heute allerdings nichts mehr zu sehen. Wolf lebte hier mit

Wer kann diesem gut aussehenden Mann widerstehen, selbst wenn er Kommunist ist? Friedrich Wolf, geboren in Neuwied, hier nicht in seiner »Hausung« in der Zeppelinstraße, sondern an der Ostsee.

seiner zweiten Frau Else und seinen beiden Kindern Konrad und Markus. Diese Art des Hausbaus, die er »Hausung« nannte, entsprach seiner Auffassung einer ganzheitlichen, gesunden und vernünftigen Lebensweise, die er auch in seinen Volksschriften und seinem medizinischen Hauptwerk »Die Natur als Arzt und Helfer« propagierte: »Ähnlich der neuen Kleidung ist auch die neue Hausung auf Vereinfachung, Sachlichkeit, Licht, Luft und Wahrheit gestellt«, schrieb er.

Sehr oft wird er allerdings gar nicht in seiner »Hausung« gewesen sein, er war meist »aushäusig« und schaffte wie ein Wilder: Er hielt Vorträge an Volkshochschulen, war Mitarbeiter bei kulturpolitischen Vereinigungen, er nahm am Parteileben der kommunistischen Partei in Stuttgart teil, unternahm zwei lange Reisen in die Sowjetunion, gründete die Schauspielgruppe »Spieltrupp Südwest«, für die er drei Stücke schrieb und mit ihnen durch Dörfer und Fabriken zog. Wegen seines populären

Stückes zum Paragraph 218, »Cyankali«, wurde er kurzzeitig in Untersuchungshaft genommen. Als er schließlich doch einmal im seinem weißen Hauskubus »hauste«, bekommt er Besuch von dem spöttischen russischen Schriftsteller Sergej Tretjakow, dem der Gesundheits- und Reformeifer seines Genossen etwas suspekt war:

Das Haus – ein weißer Würfel. Bruchstück von einem Sanatorium. Und ein Straßenname aus Aluminium, Helligkeit und Luft – Zeppelinstraße. Sie ähnelt den kreideweißen Straßen von Jalta und Sewastopol. […]

Ich bin zu Gast im Hauswürfel. Gleich nach dem Erwachen bin ich unter dem aufgeschüttelten Federbett hervorgekrochen, das in Deutschland die Decke ersetzt. Im Hauswürfel ist es sauber, nichts Überflüssiges hängt an den Wänden. Im Hauswürfel ist es absolut still. Nur ein Raum gibt ein Morgenkonzert. Es besteht aus Scheppern, menschlichem Grunzen und Wassergeplätscher.

Ein glühendroter Mann hockt in der Wanne und schüttet sich eiskaltes Wasser auf die Schenkel. Bis zu hundertmal. Dann begießt er sich die Schultern. Läßt sich rasch Wasser auf den Rücken fallen und steht wieder auf. Reckt sich zu voller Größe und schrubbt sich mit zwei Bürsten den Rücken, den Nacken, den ganzen Körper, etwa so, wie ein Schuhputzer Halbstiefel bürstet.

»Bei dieser Art, sich zu waschen«, zitiert er, »ist eine Erkältung absolut ausgeschlossen. Die Darmgase gehen während des Badens ab. Meist hat man gleich nach dem Abtrocknen Stuhlgang.«

Mir gefällt dieser wie aus Kupfer gegossene Leichtathlet […]. Die Dusche rauscht. Ich sage: »Guten Morgen, Hausherr. Mir gefällt, wie Du gebaut bist, Genosse Wolf.« Ich habe ins Schwarze getroffen, als ich das Lieblingswerk des Hausherrn lobe – ihn selbst.

Schon kurz nach der zwangsweisen Emigration und Enteignung des Juden und Kommunisten Friedrich Wolf im Dritten Reich musste Döcker dem Haus ein traditionelles Giebeldach verpassen. »Wenn wir in Stuttgart einmarschieren, werde ich mit einer großen Ratschbumm das naziotische Spitzdach von meinem Haus herunterschießen«, schwor Friedrich Wolf noch im Krieg, als er an der Ostfront als Propagandist der Roten Armee arbeitete. Glücklicherweise für uns alle und zum Pech für ihn kam er 1946 nur in Begleitung seiner Frau ohne die Rote Armee nach Stuttgart und hielt im Furtbachhaus einen denkwürdigen Vortrag mit dem Titel »Mut zum Leben«.

Genießen Sie doch einmal am Hölderlinplatz italienische Pasta und einen Espresso in der Bar »Scardanelli« im Andenken an Friedrich Hölderlin. Scardanelli war ein Pseudonym Hölderlins.

Vielleicht ist Ihnen Friedrich Wolf völlig unbekannt, sein Sohn Markus Wolf (1923–2006) womöglich weniger. Der war Chef der »Hauptverwaltung Aufklärung« im Ministerium für Staatssicherheit der ehemaligen DDR, also der »höchste Spion« des ehemals sozialistischen Paradieses auf deutschem Boden. Hier in Stuttgart war Markus Wolf allerdings erst Mini-Spion, der im Kräherwald mit anderen Buben aus Botnang und Stuttgart-West beim Kriegerlesspielen das Spionieren vermutlich schon mal übte.

Nach diesem Kommunisten wird es nun geradezu klassisch, wir machen einen Schlenker zum Hölderlinplatz. Dazu gehen wir die *Gutbrodstraße* zurück, biegen rechts in die *Vorsteigstraße*, dann links in die *Feuerleinstraße* und wieder rechts in die *Wernlinstraße*. Wir erreichen die *Schwabstraße* und wenden uns nach links. Auf der Höhe der Rosenberg-Apotheke, *Schwabstraße 195*, erheben wir den Blick und sehen auf dem *Hölderlinplatz* eine erhabene Riesenstele stehen, mit einem Konterfei von Friedrich Hölderlin sowie Auszügen aus seinen Gedichten.

Schwabstraße 195

Hier wollen wir nun etwas verweilen, zum einen, weil – und das gibt es in Stuttgart ja nicht oft – es sich tatsächlich um einen Platz handelt, der eine gewisse Atmosphäre hat, und weil er natürlich nach dem großen württembergischen Hymnendichter Friedrich Hölderlin (1770–1843) benannt ist. Der war allerdings nie hier. Aber etwas anderes scheint hier sein Unwesen zu treiben. Spüren Sie, liebe Leserin, lieber Leser, nicht diese tranceartige, entrückte Stimmung? Liegt es an diesen fremd und esoterisch anmutenden Hölderlin-Gedichten auf der Stele? Oder ist es etwas anderes? Die Stuttgarter Schriftstellerin Sudabeh Mohafez weiß Rat:

Eine Art Raumzeit-Krümmung

Was genau der Grund für die Veränderungen ist, haben wir erst gestern Nacht verstanden. Das heißt, eigentlich ist es Max gewesen. Meist ist er es, der zuerst versteht. Nachts streift er durch die Stadt und fotografiert, da hat er Zeit zum Nachdenken. Er besitzt eine Kamera mit großem Objektiv und knipst immer mit Stativ, weil die Bilder im Dunkeln sonst verwackeln.

In den letzten zwei Wochen ist die Gegend um den Hölderlinplatz in eine Art Zeitlupe geraten. Die Menschen, die aus der Apotheke kommen, gehen wie auf Watte. Wer in die Bank oder die Post an der Ecke tritt, tut es, als würde er träumen. Die Autos scheinen langsamer zu fahren. Selbst die Ampeln schalten nur noch alle halbe Stunde auf Grün, und es scheint niemanden zu stören, länger warten zu müssen. Vor zehn Tagen, als Max wie immer gegen vier Uhr morgens heimkam, schüttelte er sachte den Kopf. Irgendetwas sei mit der Gravitation anders als gewöhnlich, vermutete er. Oder mit dem Raum. Oder mit der Zeit. So ist Max, er redet manchmal seltsames Zeug.

Gestern brach er seinen Rundgang frühzeitig ab. »Ich weiß, was mit dem Hölderlinplatz los ist!«, rief er aufgeregt. Hastig steckte er den Chip in den Rechner und flippte so lange durch neue Bilder, bis die Hölderlin-Stele in Sicht kam. »Siehst du?«, flüsterte er. Ich nickte stumm. Ganz oben auf der Skulptur, hellgrau leuchtend in der Dunkelheit, war deutlich ein genüsslich sich räkelndes Faultier zu sehen. »Es wohnt dort oben, sagte Max andächtig. »Es muss sich vor zwei Wochen da niedergelassen haben.«

Spüren Sie die tranceartige, entrückte Stimmung am Hölderlinplatz? Schuld ist das Faultier in der Geschichte der Stuttgarter Autorin Sudabeh Mohafez.

Schauen Sie einmal hoch, sehen Sie es? Verwunderlich wäre es ja nicht, denn in den Stuttgarter Parks leben Gelbkopfamazonen, in den Bärenseen gibt es Rotwangen-Schmuckschildkröten, warum nicht ein Faultier am Hölderlinplatz? Sudabeh Mohafez, 1963 in Teheran geboren, ist Verfasserin von Erzählungen, Romanen und Theaterstücken und wurde schon mit mehreren Literaturstipendien und Preisen ausgezeichnet.

Wir gehen nun auf dieser Straßenseite weiter entlang der *Schwabstraße*, bis wir an der Einmündung der Zeppelinstraße zur Weinhandlung in der Hölderlinstraße 64 kommen. Wir schauen gegenüber auf die *Hölderlinstraße 57.*

Hölderlinstraße 57

Im Alter von zwölf Jahren zog der im Jahre 1901 in Stuttgart geborene Rechtsanwalt, Schriftsteller und bildende Künstler Fred Uhlman mit seinen Eltern in dieses Haus. Sind Sie bereit für ein überschwängliches Stuttgart-Lob? Wen ja, hier ist es:

Mein Elternhaus, eine einfache Villa aus örtlichem Werkstein, stand in einem kleinen Garten mit Kirsch- und Apfelbäumen in der Höhenlage Stuttgarts. Hier wohnten die wohlhabenden oder reichen Bürger dieser Stadt, einer der schönsten und blühendsten Städte Deutschlands. […] Überall gab es Höhenrestaurants, auf deren ausladenden Terrassen die Stuttgarter an den warmen Sommerabenden saßen, ihren schwäbischen Wein tranken und Unmengen von Speisen vertilgten: Kalbsbraten mit Kartoffelsalat, panierte Schnitzel, Bodenseefelchen, Schwarzwaldforellen, Rehrücken mit Spätzle und Preiselbeeren, Maultaschen und wer weiß, was sonst noch. […] Wenn die Nacht einfiel, wurde der Ausblick so zauberhaft wie von Fiesole hinab auf Florenz: Tausende von Lichtern in der warmen Luft, die nach Jasmin und Flieder duftete, und ringsum Stimmengewirr, das Singen und Lachen zufriedener Bürger, schläfrig vom allzu reichen Essen oder liebeslustig vom allzu reichlich genossenen Wein.

Siehe da, der Schwabe weiß doch das Leben zu genießen in seinem schönen Neckar-Florenz. Zu finden ist diese Stuttgart-Hymne in Fred Uhlmans Erzählung »Der wiedergefundene Freund«. Die Geschichte spielt in Stuttgart zu Beginn der 1930er-Jahre und handelt von dem jüdischen Schüler Hans Schwarz, der im Karl-Alexander-Gymnasium eine schwärmerische Freundschaft zu dem Adeligen Konradin von Hohenfels beginnt. Schließlich zerbricht die Freundschaft an Konradins Bekenntnis zu Hitler, Hans wird von seinen Eltern in die USA geschickt. Nach dem Krieg, als er bereits ein erfolgreicher Rechtsanwalt in New York ist, erfährt er, dass Konradin hinge-

In seinem Roman »Der wiedergefundene Freund« beschreibt der in Stuttgart geborene Maler und Schriftsteller Fred Uhlman sehr anschaulich die Ess- und Trinkgelage der Stuttgarter Bürger.

richtet wurde. Er gehörte zum Kreis derjenigen, die am Attentat am 20. Juli 1944 beteiligt waren.

1988 wurde das Buch in einer französisch-englischen Koproduktion verfilmt, unter anderem an Schauplätzen im Stuttgarter Osten. Tatsächlich war Fred Uhlman zunächst in Deutschland Rechtsanwalt, überdies jüdischer Herkunft und SPD-Mitglied. Nach der Machtergreifung Hitlers musste er über Frankreich nach England emigrieren. Mit neun Jahren ging er auf das berühmte Stuttgarter Eberhard-Ludwigs-Gymnasium, in seiner Klasse war Konstantin von Neurath, dessen Vater Außenminister unter Hitler war, und ebenso Lothar Frank, der Bruder Bruno Franks. Zwei andere Jungen, die die gleiche Schule besuchten, waren die Brüder Stauffenberg. Das ist der Stoff, aus dem dieser Roman gestrickt ist. Später wurde Uhlman, obwohl er nie eine akademische Ausbildung in dem Bereich genossen hatte, ein recht erfolgreicher bildender Künstler und eben Schriftsteller. 1985 ist er in London gestorben.

gegenüber Schwabstraße 169

Nun geht es vom aufregenden Hölderlinplatz wieder die Schwabstraße entlang bis zur *Senefelderstraße*. Auf der linken Seite taucht ein Bio-Supermarkt auf, *gegenüber Schwabstraße 169*. Dieser Lebensmittelmarkt ist für den »hauptberuflichen Spaziergänger«, Straßenbahn-Herumfahrer und Kolumnisten der »Stuttgarter Nachrichten« Joe Bauer der Ort, um über den Bildungsgrad der Bewohner des Stuttgarter Westens und ihre Essgewohnheiten zu räsonieren:

Nicht jeder hat etwas verbrochen, wenn er eines Tages im Westen landet. Warum der Westen? Mein Gott, fragen Sie mich nicht, es war halt eine Bude frei [...]. Hätte ich gewusst, wo ich lande, wäre ich nach Mühlhausen gezogen. In der Zeitung steht: 33,2 Prozent aller Stuttgarter Westler sind Akademiker. An mir kann es nicht liegen. Ich habe mir alle Mühe gegeben, den Schnitt zu senken. [...]

Akademiker sind Bionade-Taliban. Man trifft sie mit Kind und Kegel am Soja-Regal des Bio-Supermarkts Naturgut. Akademiker rühren nach der Mutterbrust keine andere Milch mehr an, auch nicht von der Ziege. Das ist die Vorstufe zum Veganer. [...]

Es ist heute nur schwer zu erkennen, wenn einer im Stuttgarter Westen kein Akademiker ist. Man weiß nicht mehr, in welche intellektuelle Fressalienliga man die Leute im Supermarkt einordnen soll. Es gibt sehr schöne Bio-Rollmöpse in Veganersahne. Das essen vor allem linke Punks und ihre schwarz vermummten Hunde.

Überhaupt laufen nach meiner Beobachtung zu viele Leute im Westen herum. Die meisten sind total normal, das sind Türken, Ausländer und ich. Beim Griechen-Wirt am Hölderlinplatz sagt jeder: »Lazi, eine Halbe und einen Ouzo.« Immer sonntags kommt einer und sagt: »Guten Tag, Lazi, ich bin Platon.« Wir zahlen ihm dann einen Ouzo und rufen im Bürgerhospital an. »Schon wieder ein Akademiker«, heißt es dann.

Alles klar? Bitte passen Sie auf, wo Sie was im Westen unterwegs einkaufen, ob bei den Bionade-Taliban oder den Döner-Dschihadisten. Zu finden sind die einzelgängerischen Spaziergangs-Erkenntnisse Joe Bauers in dem Buch »Schwaben, Schwafler, Ehrenmänner«. Falls Sie den Autor live erleben wollen: Mit seiner Leseshow »Joe Bauers Flaneursalon« tritt er immer wieder in Stuttgarts Kneipen auf, seltener allerdings in Bio-Supermärkten.

Ecke Schwabstraße/Klopstockstraße

Bei der nächsten *Ecke Schwabstraße/Klopstockstraße* biegen wir rechts ein. Hier, schon tief in den Straßenschluchten

Ob womöglich »Bionade-Taliban« vor ihm in der Lesung sitzen? Der Stuttgarter Kolumnist und professionelle Spaziergänger Joe Bauer beschreibt in einer Kolumne die Kunden eines Bio-Supermarkts in der Schwabstraße.

des Stuttgarter Westens, hat der im Stuttgarter Westen lebende Lyriker und Prosaautor Gilbert Fels sich immer wieder zu Texten über die Stadt inspirieren lassen. Hier ein meditativ-schwebender Text über die Kirchenglocken, die zu den Tagesgebetszeiten den Klangraum der Stadt erfüllen:

eine setzt ein / fein, fern / aus der Stille / mit ersten Schlägen / die eine andere erwecken / anders gestimmt / eine dritte, vierte / mit je unterscheidbarer Stimme / bis hell, schwingend, nah viele, alle in Aufruhr sind / und minutenlang bleiben / die Straßen, den Luftraum, die Ohren durchdringen / aller Frequenzen / Metren, Tonhöhen, Klangfarben / ineinander verschränkt / aller Sendung dieselbe / Sonntag 10 Uhr / so / ungefähr / haben sie sich geeinigt über die Zeit / endlich / hat eine erste ihr Werk getan / ein Ton in der Vielfalt verstummt / dann fallen andere ab / setzen weitere aus / bis nach letzter Glocken Schläge Verklingen Stille / einkehrt / und selbst hörbar wird

Novalisstaffel

Wir gehen die *Klopstockstraße* weiter bis zur *Novalisstaffel*, benannt natürlich nach dem selbst gewählten Pseudonym des Romantikdichters Friedrich von Hardenberg. Welch ein Name für eine Staffel! Führt sie zur »blauen Blume«, dem Inbegriff der Sehnsucht der Romantiker? Steigt man hinauf in die Sphären der Träume, der Visionen und der Mystik? Die Novalisstaffel hieß früher einmal ganz prosaisch »Pleckethaldenstaffel« nach dem alten Gewannnamen dieser Gegend. In der zweiten Hälfte des 19. Jahrhunderts spazierte hier ein Dichter namens Adolf Grimminger herum. Hätte er doch den Damen, die er hier traf, die »blaue Blume« von Novalis überreichen können! Stattdessen verlief die Begegnung eher schwäbisch-pragmatisch als mystisch-romantisch:

In der Bleckethalde

In der Bleckethalde dromme
Sind drei Mädle mir verkomme,
Zart und schlank,
Schmuck und blank,
Wunderherzig, oi's wie's ander;
Und i sag:
Au schö' Dag?
Grüeß üch Gott mit'nander.
In der Bleckethalde.

Wie sieht's aus mit eure Herzle,
Hänt mer au scho' g'heime Schmerzle
So wie's giebt,
Wenn mer liebt,
Z'innerscht drin, am schtillschte Plätzle?
Oder ischt
Wo, zur Frischt,
Platz, no' für a Schätzle,
In der Bleckethalde?

Freile hätt, wer juscht dürft wähle,
Unter Euch drei liebe Seele,
Mit der Wahl
Z'gleich au d'Qual;
Drum um so=n a Holdschaft z'kriege,
Mit Vergunscht,
Ließ i d'Kunscht,
Und thät Hälmle ziege,
In der Bleckethalde.

Der Hang oberhalb der Klopstockstraße kurz vor der Einmündung der Steinenhausenstraße um 1900. Aquarell von Wilhelm Wacker.

Do, schtatt mir a=n Antwort z'gebe,
Dui mi gfreut hätt für mei' Lebe,
Lachet die,
Woiß net wie,
Gradaus helluf mir entgege,
Daß i glei,
Alle drei
Z'mol hätt – kusse möge,
In der Bleckethalde

Aber wer sei' Glück will mache.
Schtoßt sich net an derloi Sache,
Der greift zu
Schpot und fruh,
Schwätzt net lang vum schöne Wetter;
Sonscht wol hätt
I di net
Kriegt als -- Traubetretter,
In der Bleckethalde.

Na, wenigstens ein Mädle zum Traubentreten ergattert. Weiter geht es entlang der *Klopstockstraße.* Nun beginnt leider eine gewisse Strecke »Pflastertreterei« statt Traubentreterei, aber erfreuen Sie sich doch an den Details der Häuser, die aus verschiedenen Epochen der Architekturgeschichte stammen, oder an der liebevollen Ausgestaltung der Vorgärten. Wir kommen zur Einmündung in die *Steinenhausenstraße.* Kurz bevor sie eine Linkskurve macht, sehen wir geradeaus oberhalb der Garagen und rechts der Staffel das Haus *Steinenhausenstraße 6.* Hier wohnte seit 1949 bis zu seinem Tod der Schriftsteller und

Steinenhausenstraße 6

Lyriker, Romanautor, Rundfunkautor, Cheflektor, Präsident der Deutschen Akademie für Sprache und Dichtung und, und, und heute völlig vergessen: Hermann Kasack, hier im Bild hinten (mit Fliege) bei einer Tagung des deutschen PEN-Zentrums 1949.

Lyriker Hermann Kasack, der 1896 in Potsdam geboren wurde. Kasack war Lektor in mehreren Verlagen, unter anderen im S. Fischer Verlag Nachfolger von Peter Suhrkamp. Kasack fand im Gegensatz zu Friedrich Wolf das neu aufgebaute sozialistische Paradies in der Sowjetzone ziemlich widerlich. Als er schließlich zu Spitzeldiensten herangezogen werden sollte, ging er ins »kapitalistische Ausland« und siedelte sich in Stuttgart an. Hier wurde er erfolgreicher literarischer »Drahtzieher« und »Netzwerker«, war Gründungsmitglied des deutschen P.E.N.-Zentrums, zehn Jahre lang Präsident der Deutschen Akademie für Sprache und Dichtung und Gründungsmitglied und zweiter Vorsitzender des süddeutschen Schriftstellerverbands.

In der Literaturgeschichte »übrig geblieben« ist ein Roman von ihm: »Die Stadt hinter dem Strom«, 1947 erschienen. Seine Person, sein Werk und seine Gedichte sind kaum noch bekannt, aber dieses Schicksal teilen, wie Sie gemerkt haben, einige Literaten, denen wir auf diesem Spaziergang begegnen.

Wir lassen nun eine Romanfigur des Schriftstellers Hermann Lenz auftreten, den Sekretär des süddeutschen Schriftstellerverbands namens Eugen Rapp. Er ist zu Besuch hier im Haus Steinenhausenstraße 6 bei »Loschek«, der Hermann Kasack in diesem Roman vertritt. Zu finden ist die Stelle in dem Roman »Der Fremdling«, der Roman spielt in den 1950er-Jahren:

Eine Etagenwohnung in einem zweistöckigen Mietshaus. Loschek saß im Schreibtischstuhl, dessen Wachstuchpolster an den Lehnen abgeschabt war, als ein schmaler Herr im grauen Pullover. Er lehnte sich zurück, balancierte seine Zigarettenspitze in den Fingern, die vorne verdickt waren. Dies überraschte an Professor Loschek, der grobknochige Hände hatte, obwohl er von graziler, nahezu gebrechlicher Gestalt war. Er hielt sich gerade. Seinen steifen Rücken bewahrte er auch, wenn er sich zurücklehnte, seine Brille blitzte und er sonor »Jaa« sagte. Dabei hob er den verdickten Zeigefinger. Sein weißes Haar über der hohen Stirne und den maskenstarren Zügen war dünn und kurzgeschoren und haftete am Schädel. Unterm Reden verzog er ab und an die Lippen zu einem hämischen Clowns-Grinsen, weshalb ihm Eugen sein gütiges Geplauder nicht recht glauben wollte.

[…] Loscheks Frau strickte auf dem Sofa; sie trug das Haar in der Mitte gescheitelt und im Nacken geknotet. […] »Schwierig ist es schon, ihn in die Schlinge oder in die Zange zu bekommen«, sagte sie Eugen und meinte ihren Mann. Sie zwinkerte Eugen zu, der dachte, sie werde wohl recht haben […] Loschek hatte eine strenge, scharf umgrenzte Vorstellung davon, wie man heutzutage schreiben müsse: So, wie er es tat. – »Eine Modellwelt muss erschaffen werden. Und in der Lyrik gilt nichts anderes als die Chiffre!«, rief er aus […]

Also denken Sie bitte an die Chiffre, wenn Sie ein Gedicht schreiben. Kasack starb 1966 und liegt auf dem Waldfriedhof in Stuttgart begraben.

Wir gehen nun wieder die *Klopstockstraße* weiter aufwärts, bis wir an die *Ecke Scheffelstraße/Klopstockstraße* kommen. Jetzt stellen wir uns hier eine Szene an einem Wintermorgen vor. Eine junge Frau muss mit ihrem Kind zum Arzt:

Ecke Scheffelstraße/Klopstockstraße

Draußen ist es still. Niemand unterwegs, kein Fußgänger, kein Auto. Ich schiebe in der Mitte der Straße, wo am wenigsten Eis ist, ich blase meinen Atem vor mir her, den Berg hinunter, lasse den Wagen los, ganz kurz, rutsche schon hinterher. Das Kind guckt zu mir hin, rote Backen unterm Schnuller. Wer sieht zu uns her aus den Fenstern? Hallo, alle hersehen, wir haben uns hinausgewagt, denn wir müssen zur Impfung!

Wenn wir zurück sein werden, ist Mittag; der übrige Tag zerbröselt, das Kind wird immer unruhiger und ich immer müder. Sonst bin ich nachmittags unterwegs, die Straße noch bei Helligkeit hinunter und zur Dämmerung wieder hinauf. In der Küche habe ich neue Fläschchen gemixt und lange die Sauger ausgesucht, farblich passend zum Flaschendekor. Unten kaufe ich im »Schokoparadies« eine Packung Elisenlebkuchen und beim Kiosk eine Illustrierte, mit beiden bringe ich den Abend zu, das Kind über die Schulter oder aufs abgewinkelte Knie gebettet. [...] Irgendwann, im vorgerückten Dezember, schiebe ich wieder den Berg hinauf, den Hals von der Kälte innen aufgerauht. Und blicke auf die Lichter der Stadt und denke: Ich habe es geschafft, keiner wird es erfahren, aber daheim kritzel ich es auf einen Zettel. Daß ich etwas erfahren habe. Von der Anstrengung, auf der die Lichter treiben. Eine Anstrengung, unter der sich die Körper auflösen im Dunkel, nur Lichter ausschicken, für einen Moment oder viele Momente hintereinander, ein Leben voll.

Am Schokoparadies sind wir schon vorbei: Das Geschäft findet sich neben der Rosenberg-Apotheke am Hölderlinplatz. Die Stuttgarter Lyrikerin Susanne Stephan, geboren 1963 in Aachen, hat diesen Text vor Jahren verfasst, als sie noch mit Kind und Mann zwischen Schreibtisch und Spielplatz, zwischen Klopstock und Kinderkram in der Klopstockstraße wohnte, und über oder unter allem zwei- bis dreimal täglich der Lockruf der Ferne, die Züge der Güterzüge oder der Gäubahn bis nach Italien. Mittlerweile wohnt sie in Botnang.

Langsam machen wir uns nun auf den Weg zu unserem Endpunkt, der Haltestelle Vogelsang, an der uns der poetische Höhepunkt der Tour erwartet. Dazu gehen wir allerdings einen kleinen Umweg, um uns »romantisch« einzustimmen. Die *Scheffelstraße* abwärts kommen wir im Knick nach links neben den Garagen zu einer Treppe, die hinauf zum *Eichendorffweg* führt. Wir folgen dem kleinen Weg zwischen Bahndamm und Kleingärten. Rufen wir doch vor Begeisterung über diesen schönen unbefestigten Weg mitten in der Stadt mit dem Dichter Joseph von Eichendorff aus:

Es ist, als hätt' der Himmel
Stuttgart still geküsst,
dass es im Blütenschimmer
von ihm nun träumen müsst'.

Wir können es aber auch lassen, damit die Gütlesbesitzer hier keinen Schreck bekommen. Schließlich öffnen wir am Ende des Wegs das Gartentürle, gehen links in die *Markelstraße*, dann, die zweite Straße rechts, in die *Lenaustraße* und weiter, die erste Querstraße links, in die *Bebelstraße*. An ihrem Ende überqueren wir die Fußgängerampel und die Bahngleise und kommen zum *Spielplatz Rückertstraße/Bebelstraße*, wo man sich auch auf Sitzbänken niederlassen kann.

Spielplatz Rückertstraße/Bebelstraße

Die romantischsten Geschichten des Westens – zwei Liebesgeschichten – erzähle ich Ihnen nun an einem wahrlich unromantischen Ort. Wir drehen uns nun so, dass wir vor uns wieder den Botnanger Sattel haben, schauen also genau in Richtung Westen. Versuchen Sie bitte, die Ohren auf Durchzug zu stellen und alles, was Sie um sich herum sehen, zu vergessen. Schließen Sie die Augen und stellen Sie sich bitte einen kleinen, idyllischen See vor. Eine kühle Brise weht Ihnen entgegen, der Wind lässt ein sanftes Rauschen im Schilf hören, eine Nachtigall singt klagend schöne Lieder, Wasservögel und Libellen huschen über den See, ein Bub stochert mit einem Floß auf dem See herum und nicht weit weg steigt ein Wengerter mit seinem Butten auf dem Rücken in seinen Weinberg hinauf. Klappt's? Nein? Man kann sich auch vorstellen, dass das Verkehrsrauschen als Windhauch über den See und durch die Blätter fährt … Na, ich gebe zu, diese »Phantasiereise« ist nicht ganz einfach.

Tatsächlich gab aber es hier bis 1882 einen kleinen Stausee, den Vogelsangsee. Er lag zwischen der Rückertstraße und der oberen Vogelsangstraße und wurde vom Vogelsangbach ge-

Wie wäre es mit einem Ausflug zum romantischen Vogelsangsee? Dafür kommt man leider 130 Jahre zu spät, hier steht heute die Bio-Markthalle.

speist, der heute unterirdisch fließt. Wir stehen also direkt am Ufer, bloß mindestens 130 Jahre zu spät. Nun stellen Sie sich bitte weiter vor, ein Dichter wallte damals, sagen wir im Jahre 1831, mit seiner Liebsten um den See herum, sie schauen sich tief in die Augen, die Nachtigall schluchzt ihre melancholischen Töne dazu, doch die Liebe steht unter keinem guten Stern. Das flatterhafte Herz des Dichters kann sich nicht an die Geliebte binden, eine bürgerliche Ehe würde seine Schaffenskraft lähmen, er muss frei sein und darf nicht gefesselt werden. Ist das nicht tragisch? Und so beschreibt das leidende Dichterherz an diesem Ort seine Pein:

1.
Drüben geht die Sonne scheiden,
Und der müde Tag entschlief.
Niederhangen hier die Weiden
In den Teich, so still, so tief.

Und ich muß mein Liebstes meiden:
Quill, o Thräne, quill hervor!
Traurig säuseln hier die Weiden,
Und im Winde bebt das Rohr.

In mein stilles, tiefes Leiden
Strahlst du, Ferne! hell und mild,
Wie durch Binsen hier und Weiden
Strahlt des Abendsternes Bild.

2.
Trübe wird's, die Wolken jagen,
Und der Regen niederbricht,
Und die lauten Winde klagen:
»Teich, wo ist dein Sternenlicht?«

Suchen den erlosch'nen Schimmer
Tief im aufgewühlten See.
Deine Liebe lächelt nimmer
Nieder in mein tiefes Weh!

3.
Auf geheimem Waldespfade
Schleich' ich gern im Abendschein
An das öde Schilfgestade,
Mädchen, und gedenke dein!

Der Schwerenöter und Dichter Nikolaus Lenau entfleuchte nach Amerika, anstatt in Stuttgart Gustav Schwabs Nichte Charlotte Gmelin zu ehelichen. Gemälde von Friedrich Amerling.

Wenn sich dann der Busch verdüstert,
Rauscht das Rohr geheimnisvoll,
Und es klaget und es flüstert,
Daß ich weinen, weinen soll.

Und ich mein, ich höre wehen
Leise deiner Stimme Klang,
Und im Weiher untergehen
Deinen lieblichen Gesang.

Wir sind gerade durch die Straße spaziert, die nach dem Dichter dieser Zeilen benannt ist: Nikolaus Lenau (1802-1850), ein etwas unsteter Geselle, aus Österreich-Ungarn stammend, der ab 1831 immer wieder in Württemberg lebte und sich hier im Kreis anderer Dichter wie Gustav Schwab und Justinus Kerner sehr wohl fühlte. Dabei lernte er die Nichte Gustav Schwabs kennen, Charlotte Gmelin. Erst warb Lenau um sie, doch konn-

»Bruder! Ein herrliches Mädchen liebt mich ...«, schwärmte Nikolaus Lenau in einem Brief über die hier abgebildete Charlotte Gmelin.

te er sich nicht zu einer festen Beziehung durchringen. Justinus Kerner liest seinem Freund im April 1832 noch ordentlich die Leviten:

Die Lotte ließ' ich nicht, wenn ich Du wäre, den anderen Menschen. Ich würde sie heute noch sprechen, ihr sagen, daß ich sie liebe und auf ihre Liebe baue. Dann würde ich aber auch von nun an zahmer werden; sie würde mich, – wie es den Novalis seine Geliebte that – zur höchsten Poesie, der Religion führen. [...] Wenn Du der Lotte aber wirklich etwas versprichst und ihr nicht das strenge Wort hältst, so hole dich der Teufel! Das sage ich dir auch!

Na, Lenau wollte sich anscheinend nicht zähmen und zur Religion führen lassen, stattdessen verzog er sich Ende 1832 für ein Jahr nach Amerika. Die »Schilflieder« sind Ausdruck dieser unglücklichen Liebe und Lenaus Unfähigkeit, sich zu binden. Charlotte Gmelin ging als Lenaus »Schilflottchen« in die Literaturgeschichte ein, hatte aber nach der Begegnung mit ihm von Künstlern die Nase voll und heiratete später – einen Pfarrer.

Lenau und »Schilflottchen« haben diese unglückliche Liebe einigermaßen überstanden. In Theodor Storms Novelle »Es waren zwei Königskinder«, die 1888 veröffentlicht erschien, geht es schlimmer aus: Der labile Musikstudent Marx scheidet nach der Trennung von seinem Tischlermeistertöchterchen Linele aus dem Leben. Und wo? Am Vogelsangsee!

Das vernünftige Linele beendet das Verhältnis durch einen Brief:

»Aber heute abend, eben – lies! Das hab' ich mit der Post bekommen!« Und er griff in die Tasche und warf ein offenes Schreiben vor mir auf den Tisch.

Ich nahm es auf und las; es war von schulmäßiger Mädchenhand geschrieben: »Ich hab' gestern Abschied von Dir nommen, Adolf: du bist mein Einzigs auf der Welt; aber es ging doch so nit meh; Dein Vater ist ein fürnehmer Gelehrter, und ich bin nur ein Meistertochter, das paßt nit z'sammen. – Ich schick dir auch dein liebs Bild wieder, das du mir geschenkt hast; ich darf's nit anschaun mehr. Aber behalt du meines, ihr Männer habt ja stärkere Natur. O, mei Schatz, mei lieber Schatz, und so b'hüt Di Gott viel tausendmal!«

Daraufhin ist der leicht reizbare Student so verstört, dass er seine Studien vernachlässigt und schließlich Selbstmord begeht. Seine beiden Freunde, Fritz, der Ich-Erzähler, und Franz machen schließlich am Vogelsangsee einen grausigen Fund:

Franz war einige Schritte vorwärts gegangen.

»Marx!« rief er freudig und rannte eilig weiter; dann aber erscholl ein Schrei, der mir durch alle Glieder zitterte.

Ich wußte wohl, daß Franz es war, der so geschrien hatte, und fast ohne Besinnung war ich auf ihn zugerannt.

Da stand er und starrte mit entsetzten Blicken auf den, der da am Stamm der Eiche stumm und unbeweglich, mit halboffenen Augenlidern vor ihm saß, und griff, wie um einen Halt zu finden, rückwärts nach meiner Hand. »Er ist tot!« sagte er dann.

Es war freilich Marx; aber wir standen nur vor seiner Leiche, und die Fliegen und Ameisen des Waldes liefen geschäftig auf seinen Händen, auf seinem bleichen toten Angesicht; die rechte Hand war auf die Wurzeln des Riesenbaumes hinabgesunken; dicht daneben lag ein Terzerol [eine kleine Pistole], das wir früher nicht bei ihm gesehen hatten, und als ich es aufhob, sah ich, daß es abgeschossen war.

Theodor Storms Novelle »Es waren zwei Königskinder« schildert ein Liebesdrama, das mit einem Selbstmord am Vogelsangsee endet.

Theodor Storm (1817–1888) baute die Novelle auf einen realen Hintergrund auf. Sein Sohn Karl, der in Stuttgart Musik studierte, hatte einen Kommilitonen, der sich am Vogelsangsee umbrachte. Die schwäbischen Dialoge wiederum hat Storm durch Margarete Mörike, die Frau des mittlerweile verstorbenen Eduard Mörike, prüfen lassen. Als Husumer war er ja nicht unbedingt in diesem Idiom bewandert.

Nach diesem dramatischen Ausklang können Sie nun entweder noch entspannt im »Markt am Vogelsang«, der ehemaligen Bauernmarkthalle, einkehren oder von der *Haltestelle »Vogelsang«* mit den Stadtbahnlinien U2 und U9 in die Innenstadt oder mit der Buslinie 40 wieder zum Ausgangspunkt zurückfahren.

Haltestelle »Vogelsang«

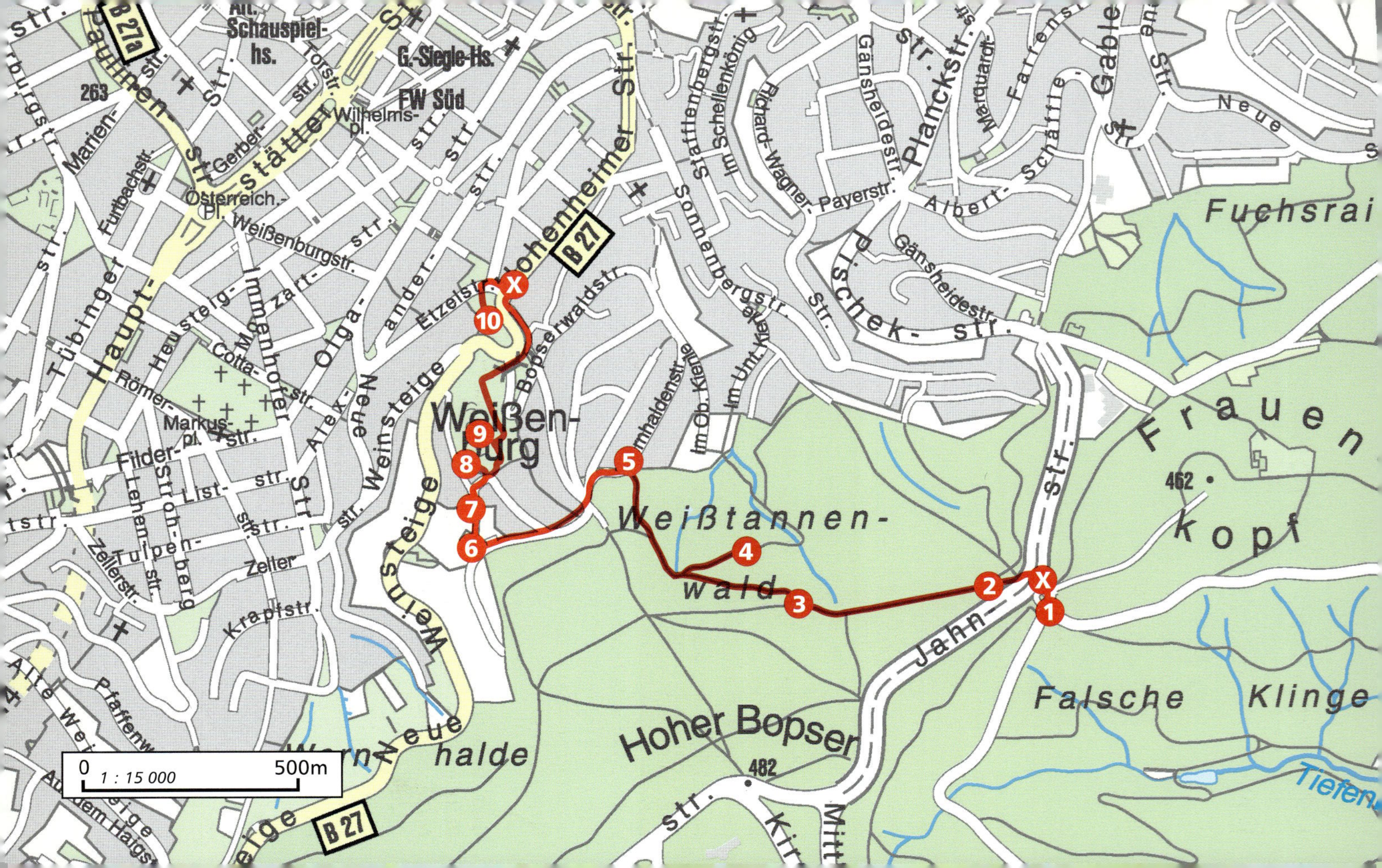
Frauenkopf
462
Fuchsrai
Falsche Klinge
Weißtannenwald
Hoher Bopser
482
Jahnstr.
Pischekstr.
Gänsheidestr.
Planckstr.
Richard-Wagner-
Payerstr.
Sonnenbergstr.
Stafflenbergstr.
Im Schellenkönig
Im Unt. Kienle
Im Ob. Kienle
Bopserwaldstr.
Hohenheimer Str.
B 27
Weißenburg
Weinsteige
Neue Weinsteige
Etzelstr.
Alexanderstr.
Olgastr.
Immenhofer Str.
Weißenburgstr.
Mozartstr.
Heusteigstr.
Cottastr.
Römerstr.
Markuspl.
Filderstr.
Liststr.
Zellerstr.
Zeller
Krapfstr.
Lehenstr.
Strohberg
Tulpenstr.
Hauptstätter Str.
Tübinger Str.
Paulinenstr.
B 27a
263
Marienstr.
Furtbachstr.
Torstr.
Gerberstr.
Wilhelmspl.
G.-Siegle-Hs.
FW Süd
Schauspielhs.
Österreich. Pl.
Pfaffenweg
Alte Weinsteige
halde
Tiefen
1
2
3
4
5
6
7
8
9
10
X
X
0
1 : 15 000
500m

Literarische Geheimnisse im Bopserwald

Tour 2

Von der »Casanova-Ruhe« zum Bopserbrünnele

Mädle, ziag's neu Kleidle a
Frühleng wird's da drauße,
Schnell, no langt's uff d'Straßebah
Weisch', sonst müsse mer laufe.

Dr Dreier kommt, au des isch fei,
Guck da sitzt dr Frieder,
Mit seim Schatz dr Annemai
Und drauße blüht dr Flieder.

Schnell, steig um in d' Zah'radbah'
Mädle, komm, schlupf' an mi nah!

Am Bopser blühn wieder die Bäume,
in Degerloch wird alles grün,
auch hier träumt man selige Träume,
nicht nur in dem uralten Wien.
[...]

(Willy Reichert)

Ob sich die Mädle heut auch noch mit diesem Lied von Willy Reichert in den Bopser und nach Degerloch locken lassen? Nun, ich hoffe, dass ich mit Ihnen zusammen einige Geheimnisse des Bopserwaldes lüften kann: Zu Beginn erwartet uns die »Casanova-Ruhe«, dann kommen wir mitten im Wald zu einem ehemaligen Freilichttheater mit zweitausend Plätzen. Danach besuchen wir mit einem schriftstellernden »Mittwochsonkel« einen Architekten und dessen drei Töchter, stoßen auf die sagenumwobene Schillereiche und nebenan auf eine ehemalige Dichterstube im Dornröschenschlaf. Die Tour endet mit einer Sage um die uralte Burg Weißenburg und einem Abstecher zum Bopserbrunnen.

Haltestelle »Stelle«

Unser Startpunkt ist die *Haltestelle »Stelle«* , aber nicht vom »Dreier«, sondern von der Stadtbahnlinie U15. Wir gehen allerdings etwas von der Haltestelle weg hinter die Bushaltestelle, um dem Autoverkehr zu entgehen. Der merkwürdige Name der Haltestelle rührt daher, dass früher das Vieh hier »eingestellt« wurde. In früheren Zeiten gab es keine Stallwirtschaft, sondern Weidewirtschaft, und bei Regen wurde das Vieh dann an einer geschützten Stelle »untergestellt«. Das ist natürlich lange her, heute stellt hier niemand mehr Vieh ein, mitunter stellt allerdings ein »Rindvieh« auf der Jahnstraße einen Geschwindigkeitsrekord ein …

Zu Beginn des 20. Jahrhunderts lustwandelten Stuttgarter Bürger dagegen am Wochenende per pedes durch die Wälder Stuttgarts zur Geroksruhe, zur Stelle bis zum Bopserwald und nach Degerloch. So waren auch Künstler, Maler oder Dichter unterwegs, ob zur Inspiration oder einfach um dem »Raunen« der Baumwipfel zu lauschen. So zum Beispiel der Mäzen, Dichter und Musiker Silvio di Casanova. Casanova? Doch nicht »der Casanova«? Nein, nicht der sprichwörtliche Liebhaber Giacomo Casanova (1725–1798), aber ein für Stuttgart wesentlich Wichtigerer: Marchese Silvio della Valle di Casanova (1861–1929), der fünfzehn Jahre in Stuttgart lebte, auf Deutsch dichtete und später mit einer Schenkung die Kunstsammlung der Stadt Stuttgart begründete. Aus einem neapolitanischen Adelsgeschlecht stammend, war er 1883 nach Stuttgart gekommen, um ein Jahr am Stuttgarter Konservatorium Musik zu studieren. Er verliebte sich in die deutsche Kultur und die deutsche Sprache. Hier an der »Stelle«, an einer hundertjährigen Tanne, hing sogar dermaleinst einige Jahre eine Gedenktafel für ihn, so dass man diesen Ort mit Fug und Recht in Anlehnung an die benachbarte Geroksruhe als »Casanovaruhe« bezeichnen könnte. Im damaligen Amtsblatt war über die Einweihung der Tafel im Mai 1932 zu lesen: »Dort bei der ›Stelle‹ hatte sich in des Waldes Stille und Einsamkeit

Hinfahrt	Stadtbahnlinie U15, Haltestelle »Stelle«.
Rückfahrt	Stadtbahnlinie U5, U6, U7, U12, Haltestelle »Bopser«.
Länge	3 Kilometer.
Dauer	2,5 Stunden.
Einkehrmöglichkeiten	**Teehaus »Weißenburgpark«,** März bis Oktober von 11–23 Uhr, Telefon: (07 11) 2 36 73 60. **Weinstube »Kochenbas«,** Immenhofer Straße 33, Telefon (07 11) 60 27 04.

An der »Casanova-ruhe«, auch »Stelle« genannt, lauschte Silvio della Valle di Casanova, ein Adeliger italienischer Abstammung, dem Raunen der Baumwipfel. Gemälde von Otto Reiniger.

eine Schar Männer und Frauen versammelt, um das Gedächtnis eines Mannes zu ehren, der den Stuttgartern nicht bloß als der edle Stifter eines großen Teils der städtischen Gemäldesammlung in der Villa Berg bekannt geworden ist, sondern auch als feinsinniger Dichter und Sänger: Marchese Silvio di Casanova. Die Weiherede hielt […] Ludwig Schuler, der in seinen Worten Casanova als den Edelmann vom Scheitel bis zur Sohle schilderte, als den Freund des deutschen Waldes, den gottbegnadeten Dichter und Sänger, den Mann, dessen Name schon wie schöne Musik aus fernem Lande klingt und aus dessen farbenlodernder Poesie so starke Liebe zur deutschen Sprache dringt.«

Hören wir eine Kostprobe seiner farbenlodernden Poesie aus dem Band »Wald und Elemente«:

Im Walde sind der Stimmen mehr, denn aufzuzählen sind,
Wenn ihn durchblasend weht erbrausend ferneher der Wind,
Daher, dahin, die Echos aller Erdenweiten hier
Vereint zusammenfließen in des Waldes Hochrevier.
Aus allen Kronen hallt der Wipfel geisterhafter Chor,
Den zeitlosen Musiken leiht der Innengeist das Ohr,
Der Widerhall, der keiner Kunde Wiederholung scheut,
Der ersten Stimme Mutterruf durch alle Zeit erneut.
Es war! Es war! So jugendhold erklang, was heut verhallt,
In tausendjährgen Weisen das Gewesne weiter schallt,
Was war und ist und kommen mag, und was nicht wiederkehrt,
Gespensterhaften Wehns der Unvergänglichkeit begehrt:
Die stets verjüngte Wiederkehr, die restlos löst sich auf
Ins Längstgewesene, durch aller längsten Zeiten Lauf.
Regungslos harrend abertausend Stämme ragend stehn,
Verkörpern eine Welt, drin der Erinnrung Geister wehn;
So sie im grünen Zwielicht mystischen Bescheid empfahn,
Halten vorm Namenlosen lautlos sie den Atem an. […]

Wir warten eine Weile, bis wir den mythischen Bescheid »empfahn«, halten kurz den Atem an und überqueren dann die *Jahnstraße* an der Fußgängerampel. Linker Hand führen nach wenigen Metern mehrere Wege in den Wald, wir wählen den *Olgaweg*, der halbrechts in den Wald abzweigt. Nach wenigen Metern führen wir uns folgende Passage aus dem Roman »Bloß keine Maultaschen« von Jürgen Seibold zu Gemüte:

Olgaweg

Meine Bank stand an der Station mit dem seltsamen Namen Stelle, an der man von der Jahnstraße zum Funkturm auf dem Frauenkopf abzweigen kann. […] Gleich nach dem Überqueren der Hauptstraße tauchte ich in das Dunkel des nächtlichen Waldes ein. Hinter mir rauschte der Straßenverkehr, der auch um diese Uhrzeit noch recht dicht war. […] Die beiden Männer, die mir entgegenkamen, hatten mich inzwischen erreicht und blieben stehen. »Einen wunderschönen guten Abend«, sagte der eine der beiden ausgesprochen freundlich zu mir. Er war groß, schlank und elegant gekleidet, und er erinnerte mich an einen Schauspieler, den ich aus zwei Fernsehserien kannte und der wohl tatsächlich in Stuttgart wohnte. Ich grinste – seltsame Gedanken kamen einem nachts in Stuttgarter Wäldern – und grüßte zurück.

»Darf ich Ihnen das hier geben?« Er hatte blitzschnell einen Zettel aus seiner Jacke gezogen und hielt ihn mir lächelnd hin. Es war ein Werbeflyer der Stuttgart-21-Gegner, ich stutzte.

»Entschuldigen Sie bitte«, mischte sich da der andere ein und zog seinen Begleiter weiter. Auch der zweite Mann, Seitenscheitel, graue Haare, sah einem Promi ähnlich. Ich schüttelte den Kopf, Zufälle gab's …

Wer ist denn da unterwegs? Und wer verteilt da Werbeflyer? Der Immobilienhändler Ronald D. Wimmer, der nach langer Zeit nach Stuttgart zurückkehrt und von dessen schwäbischen Wurzeln nichts mehr übrig ist, wird durch den Fluch einer schwäbelnden Märchenerzählerin zu einem Obdachlosen. Eine labyrinthische Handlung erzählt Seibold, garniert mit viel Stuttgarter Lokalkolorit und dem ein oder anderen Prominenten.

Wir gehen weiter auf dem Olgaweg, an Eichen, Buchen und Föhren vorbei. Kurz darauf kreuzen wir den *Elsaweg*, bleiben aber auf dem Olgaweg. Schließlich erreichen wir die Schutzhütte an der *Ecke Olgaweg/Theaterweg*. Während hier heutzutage gestörte Immobilienhändler herumlaufen, waren es früher feingeistige Adelige. So berichtet die Schrift »Waldesraunen« von Richard Lauxmann von folgender Begebenheit:

Ecke Olgaweg/ Theaterweg

Frau Hohl erzählte mir von einer Rohracker Milchfrau. Die trug ihren schweren Korb über die »Stelle«, dabei ging ihr der Schuhbändel auf, und sie wäre beinahe gestolpert und gefallen. In ihrer großen Verlegenheit bat sie eine ihr begegnende, schlicht gekleidete Dame, ob sie nicht die Freundlichkeit hätte, ihr zu helfen ihren Schuhbändel wieder zuzuknüpfen. Die Dame war gerne bereit. Sie kniete vor der Frau nieder und knüpfte ihr den Schuhbändel.

Staunend sah ein Herr von ferne zu und fragte nachher die Rohrackerin, ob sie denn auch wisse, wer ihr vorhin den Bändel zugebunden habe. Die Frau sei arg erschrocken, wie sie hörte, dass das die Herzogin Wera gewesen sei.

Na, so etwas Altbackenes, mögen Sie denken, das passt ja ins dröge 19. Jahrhundert oder in die wilhelminische Zeit, wir aber heutzutage … Na, und wenn plötzlich Diane Françoise Maria da Glória Herzogin von Württemberg, die Gattin von Carl Herzog von Württemberg, mit Ihnen das Vesper in der Schutzhütte teilte? Und Ihnen dann auch noch die Schuhbändel zuknüpfte? Wie auch immer, Herzogin Wera (1854–1912), die Nichte von Königin Olga von Württemberg, liebte es, im Stuttgarter Wald zu spazieren. Sie schrieb sogar Gedichte, die sie auch in mehreren Bänden veröffentlichte. Ein kleines Bändchen aus dem Jahr 1887 nennt sich »Liederblüthen«.

Ihre Gedichte sind zwar eher konventionell und nachgemacht, man meint, den über 50 Jahre früher geborenen Heinrich Heine durch den Stuttgarter Wald spazieren zu sehen. Aber der schaffte es ja nicht, ein Loblied auf die Schwaben und die Stuttgarter zu dichten. So macht es denn die russische Großfürstin Wera:

Stuttgart im Mai

Sei mir gegrüßt, Du grüner Wald
Mit Deinen hohen Eichen,
Die mit der Krone hoch empor
Schier bis zum Himmel reichen.

Wie gerne blicke ich herab
Von Deiner Bergeshöhe
Auf Stuttgart, dass in voller Pracht
Ich strahlend vor mir sehe!

Die Thürme ragen stolz empor,
Die Gärten duftig blühen –
Vom letzten Strahl der Sonne noch
Die Fenster golden glühen.

In milder Wärme Alles glänzt,
Von ros'gem Schein umgeben,
Die Amseln zwitschern rings umher,
Es duften zart die Reben.

Ich athme ein die Frühlingsluft
In stummer, holder Wonne,
Und freue und erquicke mich
An lichter Frühlingssonne.

Von ihrer Dichtkunst blieb bis heute nicht viel übrig, dafür umso mehr von ihrem sozialen Engagement und ihren Stiftungen: Sie finanzierte den Bau der evangelischen Heilandskirche in Stuttgart-Ost und gründete 1908 ein Heim für gefährdete und ledige, schwangere Mädchen zu einer Zeit, als »gefallene Mädchen« eher ausgegrenzt wurden. Das nach ihr benannte Weraheim steht heute im Stuttgarter Westen im Oberen Hoppenlauweg in der Nähe der Russischen Kirche. Und die beiden Wege Olgaweg und Elsaweg wurden benannt nach ihren Zwillingstöchtern.

Herzogin Wera von Württemberg mit ihren Kindern Elsa und Olga unterwegs auf einem Spaziergang. Von Herzogin Weras Dichtkunst weiß man heute nichts mehr, dafür aber von ihrem sozialen Engagement für ledige Mütter.

Schillerstein am Schillersteinweg

Wir gehen nun den *Theaterweg* gegenüber der Schutzhütte abwärts. Bald erreichen wir den Abzweig *Schillersteinweg* nach rechts, der uns schließlich zum ehemaligen Freilichttheater im Bopserwald führt. Davon zeugen nur der *Schillerstein am Schillersteinweg* und neuerdings eine Infotafel.

Seit 1913 gab es das Freilichttheater, 1934 wurde es geschlossen. Es hatte eine fünfzehn Meter breite und elf Meter tiefe Bühne mit einem hohen Unterbau über der Schlucht und Plätze im Halbrund oberhalb des Weges. Bei den aufgeführten Stücken spielten bis zu 100 Schauspieler mit, echte Kamele und Dutzende Pferde galoppierten über die Bühne. Wie kam es dazu? An einem schönen Sommerabend im Jahre 1912 war der Königliche Hofschauspieler Bruno Peschel als Spaziergänger im Bopserwald unterwegs und ihm passierte etwas, das nur sehr wenigen Menschen vergönnt ist. Er spazierte an der mutmaßlichen Stelle vorbei, an der Schiller sein gewaltiges Jugendwerk »Die Räuber« mit zitternden Händen, umschattet von Waldesgrün und umleuchtet von der sinkenden Sonne, zum ersten Male seinen Kameraden, den Karlsschülern, vorgelesen haben soll.

Hier stand in den 1920er-Jahren ein Freilichttheater mit 2000 Plätzen, aus dessen Zeit nur noch der »Schillerstein« übrig ist. Seit kurzem erinnert zusätzlich eine Infotafel an diesen wichtigen Ort der Schillerverehrung.

So weit, so gut. Doch dann geschah es:

In Gedanken an diese ferne Zeit versunken, glaubte ich plötzlich die Stimme Jung-Schillers zu vernehmen, die mir zuraunte: »Erwecke meine Räuber aus mehr als hundertjährigem Schlaf; zeige der jetzigen Generation, wie ich mir mein Werk gedacht habe, befreie es aus dem beengten Raum der Theaterbühne mit ihrem künstlichen Licht und ihren verstaubten Kulissen, lasse es hier in der Natur im prächtigen alten Walde zu neuem Leben auferstehen!« Wie Schuppen fiel es mir von den Augen! Ja wirklich, hier in der freien Natur, in diesem herrlichen Waldesdunkel mussten Schillers Räuber eine gewaltige Wirkung auf die Zuschauer ausüben!

Jung-Schiller raunte dem Hofschauspieler Bruno Peschel im Bopserwald leise zu, das Freilichttheater zu errichten.

Sie merken langsam, was der Bopserwald zu bieten hat: Silvio di Casanova hört »der Stimmen mehr, denn aufzuzählen sind« und Bruno Peschel hört sogar die Stimme des jungen Schiller. Falls Sie nach dieser Führung ebenfalls Stimmen hören, keine Sorge, es muss am magischen Bopserwald liegen. Jedenfalls tat Bruno Peschel tatsächlich wie geheißen und gründete ein »Komitee für das Freilichttheater im Bopserwald« mit bekannten Persönlichkeiten wie den Intendanten des Königlichen Hoftheaters Baron Edler zu Putlitz, dem Oberbürgermeister Karl Lautenschlager und vielen anderen. Fleißig sammelte er Spenden und es entstand eine Bühne aus Holz und darauf eine hohe Mauerwerkattrappe. Und los

1913 wurden Schillers »Räuber« im Freilichttheater aufgeführt. Den Bühnenaufbau entwarf Bernhard Pankok, der Direktor der Königlichen Kunstgewerbeschule Stuttgarts.

ging's: Zunächst wurden einen Monat lang Schillers »Räuber« aufgeführt und es kamen sage und schreibe 40 000 Zuschauer. Manche nahmen eine lange Wanderung in Kauf, wie der spätere Kultusminister Baden-Württembergs, Gerhard Storz, der mit Vater und Bruder zwei Stunden von Esslingen her unterwegs war. Die meisten Fußgänger allerdings kamen von der heutigen Haltestelle »Bopser« den steilen Bopserweg hinauf. Zahllose Schauspieler und Sänger wirkten bei den Stücken mit, darunter Oscar Heiler, Kurt Elwenspoek, Max Strecker oder Albert Hofele.

Das Freilichttheater überstand einen Brand und die komplette Zerstörung der Bühne, die Inflationszeit und die Weltwirtschaftskrise. Doch 1934 war es vorbei. Die Bühne hätte überholt werden müssen, doch die Stadt plante eine neue Freilichtbühne auf dem Killesberg. Wer weiß, vielleicht gibt es wieder einmal einen Menschen, dem Jung-Schiller einen machtvollen Auftrag ins Ohr raunt?

Nun geht es den Schillersteinweg wieder zurück. Wir erreichen wieder den geschotterten Theaterweg und gehen ihn rechts entlang. Bei der nächsten Gabelung nehmen wir den rechten Abzweig, der geradeaus aus dem Wald herausführt. Nun stehen wir unmittelbar vor der Adresse *Wernhaldenstraße 42*. Verfolgen wir doch einmal, wie ein schriftstellernder »Mittwochonkel« mit seiner Frau bei der Familie eines Architekten in diesem Haus zu Besuch ist:

Wernhaldenstraße 42

Im Haus Wernhaldenstraße 42 eröffnet sich eine »literarisch-journalistische Welt«, denn hier wohnte der »Schriftsteller unter den Architekten«, Max Bächer, und dessen Schwägerin, die Publizistin Agathe Kunze. Sie war die Tochter von Erich Schairer, dem Mitherausgeber der Stuttgarter Zeitung.

Und er ging mit Hanne die Straße aufwärts, in der Baldaufs wohnten. […] Lächelnd erschien Helene. Die Mädchen gaben die Hand und drehten sich weg. Franz kam über die Treppe, daß die Eisenstangen zitterten, und über ihm drehte sich ein glitzerndes Mobile aus Metallplättchen, als schwebten Fische in der Luft. Er war hemdsärmelig (im karierten Wollhemd), streckte den Arm empor, rief: »Hallo, Hanne! Hallo, Mittwochonkel!« […]

Helene brachte das Essen. Artig saßen die Mädchen vor ihren Tellern, nur die kleine Ilse schlug auf den Tisch und schrie: »Wo ist mein Orangensaft?! Ich will doch keine Suppe!« Dann stand sie auf, lief in ihr Zimmer, warf die Tür zu und schloß ab. Die Mutter stand auf und klopfte an die Tür, sagte zu Ilse: »Dein Orangensaft hat sich unter den Tisch verkrochen. Jetzt ist er durch die Tischplatte aufgetaucht und steht an deinem Platz.« Nun wurde die Tür aufgeschlossen. Ilse glitt heraus, warf ihren rötlichen Haarschwanz über die Schulter, lächelte und sagte: »Also braucht man nur zu rufen, und schon ist er da … dieser Orangensaft.« – »Aber nur, wenn eine solche Zauberin wie du ihn ruft. Anderen folgt er nicht«, sagte Eugen, wobei Ilse lächelnd ins Glas schaute und es streichelte. Von den älteren Töchtern bog die schlanke und hellblonde ihre schmale Hand beiseite und reckte den Kopf: »Muß eben nur die wichtigste kleine Person etwas befehlen, und schon wird's ihr zuteil. Ihr zulieb läuft sogar die Mami.«

Der Schriftsteller Hermann Lenz und der mit ihm befreundete Max Bächer am Gardasee.

Aha, ein »Mittwochonkel« und seine Frau sind zu Gast, das Essen scheint ja recht lebendig vonstattenzugehen. Hauptsächlich wegen der kleinen Ilse, die hier die Hauptrolle spielt. Aber wer ist dieser »Mittwochonkel« Eugen und wer ist Franz Baldauf? Eugen alias Hermann Lenz (1913–1998) kennen wir schon aus Tour 1, der hier nun mit seiner Frau Hanne den renommierten Architekten Max Bächer und dessen Familie besucht. Das Zitat stammt aus dem Roman »Seltsamer Abschied« und beschreibt eine Szene Ende der 1960er-Jahre. Max Bächer, mit Lenzens bekannt und 1925 in Stuttgart geboren, hatte im Gymnasium Zeichenunterricht bei Hermann Lenz' Vater und studierte Architektur an der TH Stuttgart, in den Nebenfächern sogar Kunst- und Literaturgeschichte. 2011 ist Bächer in Darmstadt verstorben. Bächer war der »Schriftsteller unter den Architekten«: Seine Bauten blieben überschaubar, seine Aufsätze, Essays und Vorträge dagegen füllen Regale.

Trotz der Bezeichnung »Mittwochonkel« war das Ehepaar Lenz allerdings nicht mit Bächers verwandt, aber Hermann Lenz war der Patenonkel von Bächers erster Tochter und daraus wurde dann der »Mittwochonkel«. Max Bächer heißt im Roman Franz Baldauf, weil Bächer bei einer gemeinsamen Reise der Paare Lenz und Bächer nach Verona immer frühmorgens die Stadt erkundete, während Hermann Lenz sich gerade aus dem Bett schälte. Und auch die kleine Ilse gab es, bloß dass sie Melanie hieß und heute als Kinderbuch- und Hörspielautorin in Berlin lebt. Mir berichtete die große »Ilse«, dass Hermann Lenz ihrer Familie kein Sterbenswörtchen darüber verriet, dass sie nun als Romanfiguren auftreten durften, allerdings hat es die ganze Familie dann doch sehr amüsiert. Dass sie wirklich ein so wütendes Persönchen war, schreibt Melanie Bächer allerdings der dichterischen Freiheit des Romanciers zu. Ihr war der »Mittwochonkel« immer etwas unheimlich und ihren Schwestern ging es ähnlich. Ihn umgab eine geheimnisvolle Aura. Nach dem Essen habe sie ihn öfters auf seinen Spaziergängen durch den Bopserwald begleitet. Er sprach nicht viel, schien sich zu amüsieren über das, was sie erzählte und gab immer wieder folgenden Zweizeiler zum Besten: »Die Memi, die Memi, das Luder, das Aas, das frißt nur Häcksel, Stroh und Gras!« Das galt ihr, denn Memi war ihr Spitzname.

Melanie Bächer hatte übrigens einen bekannten Großvater mütterlicherseits: Erich Schairer (1887–1956), den politisch engagierten Journalisten, Herausgeber der »Sonntags-Zeitung« in der Weimarer Republik und späteren Mitherausgeber der »Stuttgarter Zeitung«. Nach ihm benannt ist der Erich-

Schairer-Journalistenpreis, der Glossen, Kommentare oder kleine Feuilletons auslobt, und von Erich Schairers Tochter Agathe Kunze (1917–2010) ins Leben gerufen wurde. Agathe Kunze hat ebenso in diesem Haus gewohnt. Manfred Bosch, der Konstanzer Schriftsteller und Verleger, war zwar kein Mittwochonkel, aber trotzdem oftmals Besucher dieses Hauses:

Seit wann Agathe Kunze das von Bächer erbaute Haus Wernhaldenstraße 42 bewohnte, weiß ich nicht. Schon beim ersten Besuch war auch mein Interesse an ihrem Vater Erich Schairer geweckt, ein Mann nach meinem Geschmack: ein abgesprungener Pfarrer, der aus Lust am Selberdenken zum Journalismus gestoßen war. Seine Tochter war nicht weit vom Stamm gefallen: auch sie war eine gute Journalistin, die freilich nie recht zum Zuge kam, früh verwitwet war und sich nach Kräften mühte, das Andenken an ihren Vater aufrecht zu erhalten: durch Bücher – zwei habe ich mit ihr gemeinsam ausgeheckt –, durch eine Ausstellung, die Erich-Schairer-Journalistenhilfe und den Erich-Schairer-Preis.

Sie selbst blieb bescheiden und sparsam, wie sie es von kleinauf gewohnt war. Zwar hatte sie weite Reisen unternommen, aber ebenso viel bedeutete ihr der Garten, aus dem sie einen Großteil ihres Bedarfs bezog. Nie vergaß sie, wenn ich kam, anzukündigen, was es geben würde: vorweg Suppe, selber gebackenes Brot, Wein und Käse, eingemachtes Kompott. Sie konnte das sagen, als verteile sie Schätze. Und immer lagen überall die neusten Bücher. Agathe Kunze war eine starke Leserin – und sie liebte Begegnungen, wenn ihr die Leute etwas bedeuteten. (Getue durchschaute und verabscheute sie). Und wessen Weg hatte sie nicht alles gekreuzt! »Tout Marbach« kannte sie auch. Alles erfuhr man eher beiläufig; wenn man ihr dabei bewusstes Vorgehen unterstellen dürfte, könnte man sagen: durch Erzählökonomie blieb sie spannend. Ihre Fähigkeit, sich über Unrecht zu empören, behielt sie bis zuletzt, und sie hat ihre beträchtlichen Mittel nie geschont, es zu mindern, wo sie nur konnte. 2010 ist sie gestorben.

Nach diesem unscheinbaren Wohnhaus, das sich als literarischer »Hotspot« herausstellte, wenden wir uns nun einem mit Eichenlaub umkränzten »heiligen Gral« der Stuttgarter Dichterverehrung zu: die berühmte Stuttgarter »Schiller-Höhe« mit »Schiller-Eiche« und »Schiller-Bänken«. Dazu gehen wir die *Wernhaldenstraße* nach links aufwärts. Nach der Einmündung des *Rottannenwegs* macht die Straße einen Knick nach links. Hier stößt man auf das Verbindungshaus der »Borussia Stuttgart« und dem Haus Bopserwaldstraße 94, dem ehemaligen Kurhaus »Waldheim«. Kurz vor dem Wald führt die Wernhaldenstraße nach rechts weiter. Den Abzweig *Steinkopfstraße/Zufahrt zur Schillereiche* lassen wir rechts liegen. Nach einigen Wohnhäusern und einem kleinen Parkplatz erreichen wir auf der rechten Seite das Areal des *Aussichtspunktes Schillereiche.*

Aussichtspunkt Schillereiche

Jedem Literaturfreund und heimatverbundenen Stuttgarter lässt dieser Ort das Herz höher schlagen. Hier wollen wir wegen der Aura und Schönheit des Ortes etwas länger verweilen.

1865 wurde die Schillereiche gepflanzt und die ganze Anlage eingeweiht. Mutmaßlich las hier im Jahre 1778 Friedrich Schiller seinen Freunden von der Hohen Karlsschule nach einer Krankheit Teile aus dem Drama »Die Räuber« vor:

Als darauf Genesung eingetreten war und sie in Begleitung des Hauptmanns und der andern Zöglinge am frühen Morgen eines schönen Sonntags des Mai über die Weinsteige in das sogenannte Bopserwäldchen einen Spaziergang machten, sonderten sich die in den Plan Eingeweihten ihrer Verabredung gemäß von den andern ab, und durch die Nachsicht des Hauptmanns mit etwas Freiheit begünstigt, gingen sie tiefer in den Wald hinein. Hier lagerten sie sich, ihren Schiller umkreisend, der auf den hervorstehenden Wurzeln eines der stärksten Fichtenbäume Posto gefaßt hatte. Nach Heideloffs, von Hovens und Schlotterbecks Angabe war Schillers Stimmung während seines Vortrags eine sehr heitere, mit sichtbarem Ausdruck seines behaglichen Gefühls der errungenen Freiheit und der Einsamkeit, in Umgebung des Waldes und der Freundschaft. Seine Declamation war anfänglich eine ruhige. Als er aber zur Stelle der fünften Scene des vierten Acts gelangte, wo Räuber Moor mit Entsetzen seinen todt geglaubten Vater vor dem Thurm anredet, steigerte sie sich in dem Grade, daß seine Freunde, mit gespannter Aufmerksamkeit Aug' und Ohr ihm zugewandt, durch den Ausbruch seines Affects in Erstaunen, Bewunderung und in fast endlose Beifallsbezeugungen übergingen.

Eine mächtige Eiche aus dem Jahre 1865 gemahnt an die Lesung von Schillers »Räubern« im Jahre 1778. Der Aussichtspunkt war früher einer der Lieblingsplätze der von der Stadt heraufsteigenden Spaziergänger.

So berichtet der Sohn des angeblichen Augenzeugen Viktor Heideloff, Carl Heideloff (1789–1865), im Jahr 1856 über die einige Jährchen zurückliegende Begebenheit. Es gibt ein Bild Carl Heideloffs von dieser Szene, ebenfalls aus den 1850er Jahren. Und da er von seinem Vater zum Theater- und Dekorationsmaler ausgebildet wurde, ist dieses Bild recht eindrucksvoll, wenngleich nicht ganz stimmig: Die Abgebildeten tragen Zwei-

Carl Heideloff malte die legendäre Szene von Schillers Lesung im Bopserwald mit fast achtzigjähriger Verzögerung. Von links nach rechts: Viktor Heideloff, Wilhelm von Hoven, Johann Heinrich Dannecker, Friedrich Schiller, Johann Christian Schlotterbeck und Franz Josef Kapf.

spitz statt Dreispitz und Kordeln an den Uniformen hatten an der Karlsakademie nur die Adeligen. Einen Degen trugen die Karlsschüler gar nicht. Die Zeichnung seines Vaters, nach der er angeblich dieses Aquarell anfertigte, hilft auch nicht weiter. Ob das alles also wirklich so stattgefunden hat? Nun, gehen wir mal davon aus. »Se non è vero, è ben trovato«, sagt der Italiener.

Widmen wir uns nun einer Person, die nicht mutmaßlich, sondern tatsächlich hier an dieser Stelle vor bis zu sechzig Personen jeden Sonntag zwischen 1913 und 1915 Reden hielt und kurze gedichtartige Texte deklamierte. Die »Schwäbische Tagwacht« berichtet 1913 darüber: »Ein klarer Sonntagmorgen im Mai. Auf den Terrassen des Restaurants ›Zur Schillereiche‹ blanke Sonne. Weit drunten in leichtem Dunst das Häuser- und Turmgewimmel der Stadt. Die Fernsicht ist im Halbkreis umschlossen von den braunen Höhen des Hasenbergs und der Feuerbacher Heide. In der Nähe ruht das Auge auf dem saftigen Grase, den frischgrünen Hecken und blühenden Apfelbäumen wohlgepflegter Gärten. Die Luft ist durchklungen von Amsel- und Finkenruf. Es ist 11 Uhr. Allmählich finden sich einige Menschen ein, Leute, die sich einen Frühschoppen leisten, Spaziergänger, die bei einem Glas Milch die Aussicht genießen und Neugierige, die gekommen sind, um Gusto Gräser zu hören und zu sehen.

Nun steht Gusto Gräser auf und beginnt zu reden. Er redet einfach, kunstlos, ohne Pose und ohne sorgfältige Disposition. Er streut Gedichte, Sprüche und Wortspiele ein. Er will nicht bekehren und nicht nötigen. Er streut Samen aus. Da und dort wird schon etwas aufgehen. Er spricht von den heutigen Menschen mit ihrer Sucht nach fremder Art, mit ihrem Hasten nach Äußerlichem, mit ihrem ängstlichen Sichrichten nach Sitte und Vorschrift. […] Macht euch frei von vorgeschriebenen Pflichten. Euer Inneres macht Vorschriften überflüssig. Aus der Treue zur eigenen Art ergibt sich auch die Treue zur Gemeinschaft. Sei herzhaft. Setze an die Stelle von Formeln werdende Formen. Diese verprügelte Gesellschaft kultiviert nicht den Menschen, sondern den Kram. An die Stelle von Krambehagen trete Kraftbehagen. Man drehe das Wörtchen ›soll‹ um, damit ›los‹ daraus werde. Sei unmittelbar und gehorche nicht einmal ohne weiteres dem Gewissen.«

Gedichte, Sprüche und Wortspiele habe er vorgetragen? Damit sei Gusto Gräser eingereiht in die Reihe Stuttgarter Dichter! Hier einige Kostproben:

Fasse Mut zum trauten Träumen,
Träumermut zum dunklen Grund!
Mut, ins blaue Nichts zu bäumen, zu verbaumeln
zu versäumen manche Stund!
All das feige Raffen, Raufen schafft der Freude
doch nit Raum. Aber wenn wir tief verschnaufen,
urgetrost zum Grunde traufen –
blüht der Baum.

Ob den Trümmern der verdorbnen Erde
schwebt des Lebens sternenheitrer Traum,
jubiliert sein sonnigliches – Werde –
in den tiefbetrübten Erdenraum.
Mit der Wildnis rauschen seine Lieder:
Höret auf!

Und horch, sie lauten wieder
und aus Trümmern blüht der Menschheit
Baum.

Licht Licht! Mehr Licht! So schreibt und schreit
das Volk der Denk und Dichter.
Und richtig, lichter wird die Zeit –
es wimmelt von Gelichter.
Das flunkerflackert, glost und gleist –
freut euch, ihr Luxusfexe!
Das sprüht Elektrogasogeist!
Triumpf! Die Herzensglut vereist –
es flackern die Reflexe!

Wenn das keine sprachliche Kreativität ist: Es flunkerflackert, glost und gleist, mit Elektrogasogeist, ihr Luxusfexe! Nicht nur hier oben hielt Gräser (1879–1958) Reden. Auch auf Stuttgarts Plätzen und Straßen predigte er und blockierte den Verkehr. Er lebte mit seiner Frau in »freier Ehe«. Sie wohnten in der Falterau-Siedlung in Degerloch, sieben Kinder tummelten sich um sie herum, zwei davon von Gusto Gräser. 1913 hatte Gräser sich mit seiner Familie in Stuttgart niedergelassen – damals eine Hochburg der Lebensreformbewegung. In der württembergischen Hauptstadt existierte eine pulsierende Szene aus Vegetariern, Nudisten, Esoterikern und Anhängern des Wandervogels und der Jugendbewegung. Man traf sich im vegetarischen Speisehaus »Ceres« oder im »Charlotten-Café«, einer Anti-Alkoholiker-Gaststätte am Charlottenplatz. Ein anderer beliebter Treff war das »Alkoholfreie Volkshaus«. In dieser Subkultur hoffte Gräser, mit seiner Philosophie Interesse zu wecken. Er verkündete seine »Notwendworte« auf der Straße und verteilte kleine Kärtchen mit Gedichten und Sinnsprüchen, mit denen er die Menschen zum Ausbruch aus den bestehenden Verhältnissen aufrief, zur »Heimkehr zu sich selbst«. Das ging nicht lange gut, 1915 wurde Gräser aus Württemberg ausgewiesen.

Nun kann man ja sagen: Jaja, Spinner hat es immer gegeben. Aber dieser Gusto Gräser, der auch die Lebensreformsiedlung Monte Verità in der Nähe von Ascona mitbegründete und lange dort lebte, war zum Beispiel ein großes Vorbild für den Schriftsteller Hermann Hesse. War Gräser wieder mal von Ausweisung bedroht, setzten sich Thomas Mann, Theodor Heuss oder Gerhart Hauptmann für ihn ein. Dauerhaftere Spuren hat Gusto Gräsers Bruder Ernst (1884–1944) in Stuttgart hinterlassen.

Gusto Gräser, der radikale Wanderprediger, las zwar nicht aus Schillers »Räubern«, predigte dafür aber gegen den Materialismus und die bürgerliche Bequemlichkeit. Hier bei einer Rede auf dem Killesberg.

Er hat das Fenster über dem Taufstein in der Martin-Luther-Kirche in Stuttgart-Sillenbuch gestaltet, lebte jahrzehntelang in Stuttgart als Mitglied der Künstlergemeinschaft »Stuttgarter Sezession« und ist in Stuttgart-Sillenbuch verstorben.

Wir bleiben weiter an diesem berückenden Ort. Es folgt ein Gedicht, das Stuttgart schwärmerisch verherrlicht. Dazu treten wir noch näher an die Aussicht über Stuttgart hinter der Schillereiche heran und hören, was ein Autor namens Arthur Rehbein vor dem Ersten Weltkrieg verkündete:

Auf dem Bopser

In des Sonntags heiliger Frühe
Stieg ich aus dem Tal heran;
Heil mir, der für kleine Mühe
Überreichen Lohn gewann.

Liebe Stadt im grünen Grunde,
Sah dich oft schon, hoch entzückt;
Doch in dieser Weihestunde
Bin ich mehr denn je beglückt.

Weiße Pracht an allen Hängen,
Lichte Schleier in der Luft,
Überall ein Sehnen, Drängen,
Alles voller Klang und Duft.

In des Morgens goldnem Glanze,
Wie Du wunderhold erglühst –
Neckarbraut im Blütenkranze,
Schönes Stuttgart, sei gegrüßt!

Neckarbraut im Blütenkranze, was für ein hinreißendes Bild! Stuttgart als Braut wunderhold erglüht und der Dichter als der Bräutigam. Arthur Rehbein kann eigentlich kein Schwabe sein, die sind ja eher fürs Bruddeln berühmt. Und richtig: Der in Remscheid im Rheinland geborene Rehbein (1867–1952) kam 1907 nach Stuttgart und arbeitete einige Jahre hier als Journalist und veröffentlichte 1910 einen Band namens »Schwäbische Streifzüge«, daraus stammt dieses Gedicht.

Haben Sie sich eigentlich auch schon gefragt, was in aller Welt eigentlich dieser Name »Bopser« bedeuten soll? Die genaue Herkunft des Namens ist nicht bekannt. Eine Deutung ist, dass der Name von den mittelhochdeutschen Worten »bobe« (oben) und »ser« (schmerzend, auch Steigerungswort) stammt. Bis zur Aufschüttung des Birkenkopfes im Stuttgarter Westen und der Bernhartshöhe bei Vaihingen war der Hohe Bopser die höchste Erhebung der alten Gemarkung Stuttgarts. Dort steht heute der Stuttgarter Fernsehturm. Im 19. Jahrhundert vermutete man sogar, es habe hier einmal eine Siedlung namens Bubsingen oder Bobsingen gegeben.

Staffel »Zur Schillereiche«

Weiter sinnend über diesen merkwürdigen Namen gehen wir die *Staffel »Zur Schillereiche«* abwärts. Zählen Sie doch bitte einmal die Stufen! Wir überprüfen nun, ob die Schriftstellerin und Autorin Irmela Brender richtig gezählt hat. Außerdem weiß sie uns noch einiges über diese Staffel zu berichten:

Das ist kein Stäffele mehr, das ist schon eine Staffel – mit 99 alten, ausgetretenen Stufen und 99 neuen vom Bopserwald hinunter zur Straße, die »Zur Schillereiche« heißt und sich dort, wo die Treppe endet, mit der Steinkopfstraße kreuzt. Müssten es nicht jeweils hundert Stufen sein, nur einfach so der Ordnung halber? Aber auch von unten herauf bleiben es zweimal neunundneunzig; wer sich leicht in Zahlen irrt, pfeift auf den Zählzwang und stellt einfach fest: Es sind viele Stufen, und sie sind so weit angelegt, dass immer mal wieder ein Zwischenschritt nötig wird. Kein anmutiges

Gehen ist das, aber auch kein krummbuckliges Steigen auf der Staffel, die angenehmer ist als der Weg daneben – da drücken die Steinchen durch die Sohlen, und das Ahornlaub bedeutet Rutschgefahr. Diesen oder einen ähnlichen Weg durch Wald und Wengert könnten vor über zweihundert Jahren Schiller und seine Freunde gegangen sein, als er mit ihnen heraufstieg, um aus den »Räubern« vorzulesen – dort auf dem Rasenplatz unterhalb des Waldrands, wo jetzt um eine Eiche vier Bänke stehen und Ahornbäume rundum den Blick ins Tal verdecken. [...] Heutige Dichter wohnen unterhalb der Staffel. Ihr Kollege Günter Eich schrieb ihnen an die Adresse Zur Schillereiche, Ast Nr. 23, Dichtungen. Seine Nachrichten landeten ganz richtig in den Briefkästen von Margarete Hannsmann und Johannes Poethen, eine Gartenstaffel unterhalb des rosa Hauses mit zwei Eingängen, in dem die beiden wohnen. Johannes Poethen, Lyriker und Essayist, hat auch über die Stäffele nachgedacht. Er hält sie für Ur-Symbole des Pietismus, weil sie Schritt um Schritt emporzwingen, unterwegs selten Ausblicke gewähren und gesenkte Blicke verlangen: »Streng dich an, der oben wird dir's lohnen.«

Johannes Poethen im Holzhaus auf der Schillereiche. Hier entstanden in Klausur Gedichte und Essays der letzten vierzig Jahre.

Irmela Brender, 1935 in Mannheim geboren, hat zahlreiche Kinder- und Jugendbücher sowie Romane, Erzählungen und Biografien für Erwachsene veröffentlicht und wurde mit dem Stuttgarter Literaturpreis, dem Publizistenpreis des Deutschen Bibliotheksverbandes und der Wieland-Medaille der Stadt Biberach ausgezeichnet. Folgen wir doch ihrem Vorschlag und suchen die Adresse »Zur Schillereiche, Ast 23« auf. Dazu gehen wir rechts in die Einmündung der *Steinkopfstraße* und dann halblinks in den *Margarete-Hannsmann-Weg.* Links davon befindet sich ein Gartentor, auf den Mülleimern findet sich ein Schild »Zur Schillereiche«. Dahinter liegt eine öffentliche Liegewiese, auf der nie jemand liegt, weil hier die Sonne nie scheint und es auch sehr privat wirkt. Das hintere Haus nach der Wiese ist die Nummer 23.

Zur Schillereiche 23

8

Nicht nur die Aussicht hier oben ist schon Erholung pur. Ein Kosmetikstudio bietet links nebenan »Verwöhnprogramme der Extraklasse« an. Uns interessiert jedoch eher ein Dichterstudio der Extraklasse: Das Wohnhaus *Zur Schillereiche 23*. Das Haus mutet an wie ein Anwesen im Dornröschenschlaf, allerdings nicht mehr lange. Ende 2011 hat die Stadt Stuttgart das Grundstück veräußert, also dürften bald die Bagger anrücken. Hier lebte die Älblerin Margarete Hannsmann (1921–2007) aus Heidenheim zusammen mit dem Rheinländer Johannes Poe-

In diesem Haus, »Zur Schillereiche, Ast 23«, wie der Lyriker Günter Eich schrieb, lebten Johannes Poethen und Margarete Hannsmann.

then (1928–2001). Sie war Schauspielerin und Schriftstellerin, er Lyriker, Essayist und SDR-Literaturredakteur. Ursprünglich gehörte auch das Grundstück links daneben als großer Garten mit zum Haus. Es muss ein ganz besonderer Garten gewesen sein, Johannes Poethen schrieb darüber in einem Gedicht:

Am hellen mittag gelegentlich

ganz klein ist die angst
ganz müd von sich selbst

bin ich mein garten

aus dem haar fliegen mir vögel
von den poren blüht es
im bauch red ich mit dir
bruder baum

von so viel lachendem geruch umtanzt
am hellen mittag
geh ich mit der wiese schlafen.

Vielleicht war es ja tatsächlich märchenhaft, was sich hier abspielte? Dass ein gebürtiger Rheinländer jahrzehntelang in Stuttgart wohnt? Dass Margarete Hannsmann mit Mitte dreißig durch Johannes Poethen »wachgeküsst« wurde und begann, Gedichte und Romane zu schreiben? Dass der ursprünglich viel größere Garten, in dem ein Gartenhaus stand und sich ein kleiner Weiher befand, ein kleines Königreich war?

Zumindest war es verwickelt, weil Margarete Hannsmann nach Johannes Poethen mit dem Künstler HAP Grieshaber zusammenlebte, sie sich aber trotzdem mit Johannes Poethen weiterhin je eine Etage im gleichen Haus teilte. Der wiederum lebte dann mit seiner neuen Lebensgefährtin und Ärztin Ruth Theil im Haus.

In rund 40 Jahren schriftstellerischer Arbeit schuf Margarete Hannsmann ein umfassendes Werk, das Lyrik, Romane, Autobiografien, Hörspiele und Reisebeschreibungen umfasst.

Eine verzwickte Sache, dieses Zusammenleben unter einem Dach, aber eine Dichterklause und ein bekannter Dichtertreffpunkt allemal. Poethen zog sich zum »Wortwerkern« in das Gartenhaus zurück. Im Glashaus, einem Anbau hinter dem Wohnhaus, fanden Lyrikseminare statt. Zahlreiche Schriftsteller wie Paul Celan, Günter Grass oder Heinrich Böll kamen zu Besuch. Kein Wunder, denn Poethen hatte viele Kontakte und war vielfach engagiert: Das Stuttgarter Schriftstellerhaus in der Kanalstraße hat er ins Leben gerufen, er war jahrelang im Verband deutscher Schriftsteller (VS) tätig und saß in vielen Gremien, ja nannte sich selbst scherzhaft eine »Gremie«. Ein »Märchen« eben auch die Gründung des Schriftstellerhauses, diesmal ist die Villa Reitzenstein das Zauberschloss: Poethen war mit seinen Vorstandskollegen vom VS Anfang der 1980er-Jahre beim damaligen Ministerpräsidenten Lothar Späth ein-

Am verwilderten unteren Eingang des Hauses »Zur Schillereiche 23« findet sich im Sommer 2011 ein anrührendes Relikt der Zeit Poethens und Hannsmanns: der Briefkasten mit dem halben Namensschild.

geladen und dort fiel der Satz: »Sie haben drei Wünsche frei.« Einer davon war das Schriftstellerhaus. Die guten Feen Lothar Späth und Manfred Rommel machten es möglich.

Nach HAP Grieshabers Tod 1981 lebte Margarete Hannsmann allein. Viele ihrer Texte beschäftigen sich mit dem Älterwerden. So zum Beispiel ein kleines Gedicht, 1988 veröffentlicht, in dem jeder Lebenstag zum Raubtier wird, der einem die Lebenszeit raubt:

Schreiben

Ich schürfe Brocken
aus dem Abraum des Tags

Ich siebe den Staub der Stunden
für einen Fingerhut Katzengold

Raubtier Tag ich reiße dir
Stücke
meines Gedichts aus den Zähnen

Mit über 70 Jahren, nachdem der Tod »ihre Lebensräume schon fast ganz besetzt hat«, schrieb sie trotz allem die wildesten Liebesgedichte ihres Lebens. Zum 75. Geburtstag erschien der Prachtband »Malbriefe an Margarete« mit Briefen, die HAP Grieshaber an sie schrieb. Wer weiß, in ein paar Jahren ist wohl dieses Haus »Zur Schillereiche 23« verschwunden und das »Zauberreich« von Johannes Poethen und Margarete Hannsmann lebt nur noch in der Erinnerung.

Nach dem Haus im Dämmerschlaf kommen wir nun zu einer Burg, von der kein Krümel mehr erhalten ist. Dazu gehen wir den *Margarete-Hannsmann-Weg* abwärts und gelangen schließlich vor das *Teehaus im Weißenburgpark*, das zur Einkehr einlädt.

Teehaus im Weißenburgpark

Auf diesem Gelände stand ehemals die Weißenburg, die 1312 von den bösen Esslingern im Reichskrieg zerstört wurde. Im 16. Jahrhundert waren noch Reste des Gemäuers vorhanden. Im Schiller-Kalender, der 1922 zur Unterstützung des Freilichttheaters herausgegeben wurde, finden wir eine schöne Beschreibung der Bedeutung der Burg:

Dunkel, wie die Urgeschichte des Bopsers, sind auch die Entstehung und die Schicksale der starken Burgfeste Wizeburc (Wizenburch, Wissenburg, Weißenburg), die einst den unteren Vorsprung des Berges bekrönte. Eine alte Sage

Der luxuriöse Gartenpavillon des Industriellen Ernst von Sieglin im Weißenburgpark lädt heute ein zu Gartenwirtschaftsfreuden.

meldet, dass bereits Konig Konrad II. im Jahr 1025 ein Gotteshaus zu Ehren St. Jakobs unterhalb der Burg gestiftet habe. Unsichere Überlieferungen künden auch, daß die Weißenburg eine Zeitlang den Tempelherren gehört habe und das »Tempelhaus« genannt worden sei. [...] Nur die Erinnerung blieb und die Überlieferung allerlei romantischer Geschichten, die sich auf die ehemalige Ritterburg mit den blendend weißen, bei Sonnenschein weithin sichtbaren Sandsteintürmen bezogen.

Was für eine glorreiche Vergangenheit dieser blendend weißen Burgfeste! Das ist alles mal wieder sehr frei zusammengereimt, weder das Gotteshaus ist belegt, auch nicht die Tempelherrengeschichte, und über das Aussehen weiß man auch kaum etwas. Aber für spannende Sagen kann diese Burg allemal herhalten. Die erste heißt »Das Silberglöcklein von Stuttgart«. Wilhelm Widmann erzählt die Geschichte im besagten Schillerkalender wie folgt:

Eine adelige Wittib, berichtet die Sage, habe mit ihrer Tochter in der Burg gehaust. Täglich sei die gottesfürchtige Ehefrau ausgezogen, um Armen und Leidenden Gutes zu tun. Eines Tages aber kehrte sie nicht zurück und wiewohl die Tochter sie in Wald und Kluft wochenlang suchen ließ, wurde sie nicht wiedergefunden. Da ließ die Tochter all ihr silbernes Geräte zusammentragen, von dem Meister Glockengießer drunten in der Stadt gießen und dieses auf dem Turm der Burg hängen. Von dort oben verkündete es allnächtlich den Schmerz der Tochter um ihre verlorene Mutter, und der helle Ton der Glocke klinge, so erzählt die Sage, »wie wenn ein Kind um die Mutter weint«. Als die Weißenburg berannt und gebrochen war, fand sich das silberne Glöcklein unversehrt im Schutte; die Stuttgarter nahmen es herab ins Tal, hingen es auf den Turm der Stiftskirche und läuteten es, wie es vordem auf dem Bopserberg geschehen war.

Und damit nicht genug: Eine zweite Sage berichtet, wie sich im 16. Jahrhundert die württembergische Herzogstochter Sybilla Elisabeth auf einer Wanderung verirrte. Doch als sie dieses silberne Glöcklein in Stuttgart läuten hörte, fand sie wieder auf den rechten Weg zurück. Daraufhin eröffnete sie eine Stiftung, dass das silberne Glöcklein »auf ewige Zeiten« um Mitternacht geläutet werden sollte. Tatsächlich gibt es diese helle Glocke in der Stiftskirche und sie wird allabendlich geläutet, hat aber nichts mit der Sybilla oder der »Wittib« auf der Weißenburg zu tun. Der österreichische Dirigent und Komponist Robert Stolz (1880–1975) hat sich von den Geschichten zum Silberglöcklein so anrühren lassen, dass er das Lied »Wenn das Silberglöcklein der Stiftskirche ruft« komponierte und »der schönen Stadt Stuttgart« widmete. Robert Stolz war vor dem Ersten Weltkrieg des Öfteren in Stuttgart tätig und dirigierte im Wilhelma-Theater in Bad Cannstatt.

Der österreichische Komponist Robert Stolz (1880–1975) schrieb nicht nur »Im Prater blüh'n wieder die Bäume«, sondern auch ein Lied auf die Stuttgarter Stiftskirche.

Zuallerletzt noch eine weniger liebliche Variante der Sage mit der adeligen Wittib, die Robert Stolz sicher nicht inspiriert hat: Da verschwindet die Mutter nicht, sondern wird von der Tochter ermordet. Das Fräulein hatte ein vertrautes Verhältnis mit einem hohen Beamten der Stadt. Die Mutter wird als unliebsamer Störfaktor beiseitegeschafft und im Keller begraben. Und dass die Mutter sich angeblich verirrt hat, war bloß eine Finte der Tochter. Erst auf dem Sterbebett bereute die Tochter die grausliche Tat und um es einigermaßen wiedergutzumachen, ließ sie besagte Glocke aus ihrem Schmuck gießen. Diese sollte nun nach ihrem Ableben jeden Tag um Mitternacht ge-

Von den »bösen Esslingern« wurde die Burg Weißenburg 1312 zerstört; auf dem Stich aus dem 17. Jahrhundert sieht man auf der linken Seite noch Mauerreste.

läutet werden. Der Gehilfe an dem Mord, der hohe Beamte, der in der Schulgasse wohnte, soll sich noch hie und da durch ein Gestöhne bemerkbar gemacht haben. Hören Sie doch einmal genau hin, wenn Sie durch die Schulstraße in der Innenstadt gehen.

Dies ist ja nun lange her, vor allem sieht man ja heute keine Burgruine, sondern das schöne Teehaus und die Aussichtsplattform auf dem vorgelagerten Hügel, von der man wieder einen weiten Rundumblick über Stuttgart hat. Unterhalb des Teehauses befindet sich der Marmorsaal, beides ließ der Industrielle und Antikenforscher Ernst von Sieglin 1912/1913 im Park seiner Villa errichten. Diese lag unterhalb des Teehauses an der B27, dort, wo sich heute ein Spielplatz befindet.

Unsere letzte Station ist das Bopserbrünnele. Dazu gehen wir vor dem Teehaus rechts die *Treppen zum Marmorsaal* hinunter und kommen dabei an einer Wiese vorbei, die einmal der Tennisplatz des Anwesens war. Eine weitere Treppe führt

Auch der Dichter Eduard Mörike weilte gerne am Bopserbrünnele und zeichnete die Anlage im Jahre 1859.

uns zum Marmorsaal und einer Fläche mit einem Mosaik. Vom Marmorsaal führt noch einmal ein Fußweg abwärts. Nach etwa dreißig Metern gehen wir rechts wieder eine Treppe hinunter, die uns zu einer Brücke über die *Bopserwaldstraße* führt. Nach der Brücke führt der Weg links abwärts zur Fußgängerampel an der Stadtbahnhaltestelle »Bopser« über die B27. Danach geht es links über die *Etzelstraße* zu einem Denkmal des Ökonomen Friedrich List. Hinter der Bushaltestelle führt dann ein Weg an einem Teich und einem begrünten Rinnsal vorbei zum *Bopserbrunnen.*

Bopserbrunnen

Die früher berühmte und heute eher verwahrloste und vom Verkehr umtoste Bopseranlage diente denjenigen als Erfrischungsstation, die »in der guten alten Zeit« zu Fuß den steilen Bopserweg hinauf auf die Fildern mussten. 1822 wurde hier die erste städtische Grünanlage geschaffen und später eine auf Säulen ruhende Trinkhalle errichtet. Hier steht auch eine Stele, die doch tatsächlich die Herkunft des Namens »Bopser« mit dem Namen der verschwundenen Siedlung »Bobsingen« erklärt, was die Sache auch nicht viel wahrer macht. Und die ruhmreiche und erfundene Geschichte der Weißenburg finden wir auf der Stele auch wieder. Erinnern Sie sich noch an das Lied von Willy Reichert zu Beginn des Kapitels? Das war ja eigentlich noch nicht zu Ende:

[…]
Dort, wo's Bopserbrennele steht,
dr Bua fleht um a Kissle,
»Nei, mei Mamma leidet's nit,
Lasset Se's!« »Komm, a bissle!«

»Weisch, mege dät i di ja scho,
Du goldiger Bua, du lieber,
aber d' Mamma secht, i wird' krank drvo,
Und weischt, no lasse mers liaber.«

»Mädle, komm, sei net so domm,
Wirsch du krank, mach i di gsond!«

Am Bopser blühn wieder die Bäume,
in Degerloch isch jetz Betrieb!
Drum Kinder kommt, nicht säumen,
Seid fröhlich, habt euch wieder lieb!

Von Willy Reichert stammt die humorvolle Umdichtung des Wien-Klassikers »Am Bopser blüh'n wieder die Bäume«. Darin findet sich auch eine dramatische Liebesszene am Bopserbrünnele.

Der junge Bua meint mit dem »Gesundmachen« sicher das gute Wasser des Bopserbrunnens.

An der *Stadtbahnhaltestelle »Bopser«* gelangen wir zum Ende dieser Tour.

Stadtbahnhaltestelle »Bopser«

VAIHINGEN
Möhringer
Stadt-
Park
Wannen-
häule
Rohr
Honigwiesenstr.
Hauptstr.
Stoßäcker-str.
Stadtbad
Rosentalstr.
Gründgensstr.
Pascalstr.
Waldpl.
Seestr.
Emilienstr.
Ifflandstr.
Vollmoellerstr.
Freibadstr.
Filderhofstr.
Schockenriedstr.
Kupferstr.
Ruppmannstr.
Industriestr.
Liebknechtstr.
Heßbrühlstr.
Doggastr.
Waldburgstr.
Vischerstr.
Schwarzäckerstr.
Ackermann
Robert-Koch-Str.
Krehlstr.
Behringstr.
Goldregenweg
Karl-Weller-Str.
Dürrlewangstr.
Osterbronnstr.
Siriusweg
Schwarzbachstr.
Egelhaafstr.
Schopenhauerstr.
Galileistr.
Steigstr.
Thingstr.
Supperstr.
Hirschsprung
Rohrer Höhe
Reinbeckstr.
Musberger Str.
Glockenblumenstr.
Gartenstr.
Haugstr.
Kaltentaler
Alpenrosestr.
Dusestr.
Jurastr.
Heerbach
FW
BezR
447
441
433
434
1 : 15 000
0
500m

Wo der Nesenbach entspringt, des Dichters Stimme selig singt

Literatur in Vaihingen und Rohr

Der Vaihinger Dichterhain

Dort, wo der Nesenbach entspringt,
Dort, wo des Dichters Stimme selig singt,
Dort, wo die Rohrer Hexen hausen,
Dort, wo am Rand die Autos brausen,
Dort will ich nun hinspazieren,
Dort lass ich mich nun inspirieren,
Zu Dir zieht's mich mit aller Macht
Und dies Kapitel sei Dir zugedacht.

Du Ort, wo Bier man jüngst noch braute,
Du Ort, wo Steine man einst haute,
Wo man Textilien einstens strickte,
Und gar am Hang die Weintraub' nickte,
Wo heute die Studenten lernen,
Wo heut noch stehen die Kasernen,
Dir widme ich nun dies' Kapitel
Und dies Gedicht kommt an den Titel.

(Bernd Möbs)

Lassen Sie sich überraschen von den Dichtern und Denkern, die in Vaihingen und Rohr an den Gestaden des Nesenbachs leibten und leben. Nach einem Streifzug durch Vaihingen spazieren wir durch das Rosental in den Wald bis zur Rohrer Höhe. Dort hielt es ein Pfarrer und Dichter sehr lange aus, ein Historiker, der gerne Schriftsteller geworden wäre, dagegen gar nicht. Hinunter nach Rohr, an der alten Rohrer Burg vorbei, gedenken wir auf dem Friedhof eines der bekanntesten schwäbischen Mundartdichter.

Sie wissen es ja: Paris an der Seine, Köln am Rhein und Stuttgart am Nesenbach. Und wo entspringt der Nesenbach? In Stuttgart-Vaihingen in den Honigwiesen. Wir werden uns

Vaihinger Bahnhof

ein kleines Stückchen der Quelle dieses bedeutsamen Baches nähern. Ansonsten starten wir aber am *Vaihinger Bahnhof*. Die Vaihinger Bürger hatten sich bei der Eröffnung des Bahnhofs und der Gäubahn im Jahre 1879 in ihren Trachten auf dem reich geschmückten Bahnhof eingefunden, um den Fahrgästen ihre Freude zu bekunden. So viel Zuwendung dürfen Sie aber heute nicht mehr verlangen. Falls Sie mit der S-Bahn heil angekommen sind, ist Ihnen außerdem folgendes Erlebnis der hier lebenden Autorin Tanja Jeschke erspart geblieben:

Die in Vaihingen lebende Autorin Tanja Jeschke hat ein albtraumartiges S-Bahn-Erlebnis literarisch verarbeitet.

Es ist spät nachts. Mit einer Freundin bin ich in der Stadt unterwegs gewesen. Jetzt fahren wir mit der Rolltreppe tief hinunter zur S-Bahn-Station des Hauptbahnhofs, setzen uns in die Linie 1 Richtung Flughafen, die Bahn braust durch die Tunnels von einer Station zur nächsten, Stadtmitte, Feuersee, Schwabstraße. »Tschüß!« ruft meine Freundin und steigt aus. Ich muß noch weiter, nach Vaihingen, bleibe sitzen. Die Türen rumsen zu. Die Bahn fährt an. Ich schaue gedankenverloren aus dem Fenster, müde. Die Bahn fährt im Schwarzen, etwas langsamer als gewohnt, dann hält sie. Die Türen werden nicht betätigt, es bleibt still. Jetzt gucke ich auf. Merke, daß ich allein im Wagen bin. Ich habe nicht darauf geachtet, daß anscheinend alle Leute schon bei der Schwabstraße ausgestiegen sind. Ich bin die einzige, die in diesem Zug sitzt. Ich bin ganz allein. Es ist niemand da. Keiner außer mir.

Die Polsterbänke vor und hinter mir abgenutzt, leer. Ich gucke mich um, als müsste ich plötzlich doch noch jemanden entdecken. Ich recke meinen Hals, als würde das etwas daran ändern, als würde dadurch etwas bewegt. Ich bleibe einfach ganz ruhig, befehle ich mir, es wird ja so nicht bleiben. Kann ja gar nicht sein. Hier ist ja keine Endstation.

Hinfahrt	Stadtbahnlinie U1, U3, U8, S-Bahn-Linie S1, S2 und S3, Haltestelle »Vaihingen Bahnhof«.
Rückfahrt	S-Bahn-Linie S1, S2, S3, Haltestelle »Rohr«.
Länge	7 Kilometer.
Dauer	4 ½ Stunden.
Einkehrmöglichkeiten	**Gasthaus »Waldhorn«,** Krehlstraße 111, Telefon (07 11) 75 87 89 00. **Gaststätte »Wildwechsel«,** Rohrer Höhe 34, Telefon (07 11) 74 81 21.

Der Filderhof an der Ecke Filderhofstraße/Herrenberger Straße ist das letzte verbliebene Gebäude der Textilfabrik Vollmoeller, einst der größte Trikotagenhersteller der Welt.

Aber nachts? Vielleicht parken die Züge nachts in den Tunnels unter der Erde? Aber andere Körperteile registrieren die Ohnmacht längst. Auf einmal stehe ich auf den Füßen. Gehe im Waggon herum, unruhig wie ein Tier im Zoo.

Diese Tunnelwände links und rechts, die an den Fenstern kleben. Kein Ausblick. Stein, Dunkelheit. Was, wenn auch noch das Licht ausgeht? Ich allein im Dunkeln. Bis morgen früh.

Ich will es mir nicht vorstellen. Es wäre unmöglich zu ertragen. Menschenunmöglich, unterirdisch allein, höllisch allein zu sein. Abgeschnitten von der Welt oben. Nein, jetzt bitte keine Panik, die würde nicht mehr aufhören, vielleicht Stunden und Stunden nicht. Und dann? Keine Hilfe weit und breit! Mein Handy, dieses Restchen Kontakt, ich zücke es betont zuversichtlich. Aber schon beim Einnummern ahne ich, daß es kein Netz geben wird. Ganz plötzlich. Die S-Bahn wackelt wieder. Fährt unvermittelt an. Willkürlich oder schicksalhaft oder wunderbarerweise geschieht etwas. Ich immer noch allein, sitze auf meiner Bank, starre skeptisch auf die am Fenster vorbei huschenden Tunnelwände. Bewegen sie sich oder bewege ich mich? Die Ränder der Gedanken brechen zusammen, werden elastisch. Die S-Bahn und ich, wir fahren eine Station an. Als sei nichts gewesen, greifen Neonlichter nach uns. Menschen stehen am Bahnsteig.

Sie wissen nicht, wie sehr sie alle mich retten. Kontakt.

Solcherlei Abenteuer genießt man nicht alle Tage. Die Autorin Tanja Jeschke, eine Enkelin des Dichters Albrecht Goes, ist ein extremes Südlicht: Sie ist 1964 in Südafrika geboren. Das Meeresheimwehrauschen des Indischen Ozeans und das tiefe Blau des afrikanischen Himmels hat sie mit nach Deutschland genommen. Sie schreibt Kinderbücher und Kurzgeschichten, im Herbst 2011 erschien ihr erster Roman mit dem Titel »Ein Kind fliegt davon«.

Wir verlassen den Bahnhof bzw. das Stadtbahngleis, überqueren die *Vollmoellerstraße* und gehen zur *Ecke Filderhofstraße/Herrenberger Straße.* Dort steht in der *Herrenberger Straße 29* ein markantes Eckgebäude, der »Filderhof«, in dem sich heute ein Altenheim befindet.

Herrenberger Straße 29

Üblicherweise vermutet man ja, dass Schriftsteller brav in ihrem Kämmerlein sitzen und schreiben, nicht jedoch der, um den es nun geht: Er konstruiert Automobile und Flugzeuge, nimmt an mehreren Autorennen teil, eins davon von New York über Alaska, Sibirien, Russland nach Paris. An den Flugzeugen bastelt er mit seinem Bruder Hans in einem Schuppen auf dem Gelände der Fabrik seines Vaters in Stuttgart-Vaihingen. Die Rede ist von Karl Vollmoeller (1878–1948), dessen Vater Robert 1881 hier auf dem Gelände zwischen den Bahngleisen und der Vollmoellerstraße eine Textilfabrik gegründet hatte, die bis

Die Firma Vereinigte Trikotagenfabrik Vollmoeller AG um 1900. Links im Hintergrund der Vaihinger Bahnhof.

in die 1970er-Jahre existierte. Der Filderhof, vor dem Sie stehen, ist das letzte bestehende Gebäude des Fabrikkomplexes, Wohnhaus für unverheiratete kaufmännische Angestellte der Firma. Höhepunkt des brüderlichen Flugzeugbaus war ein Flug Hans Vollmoellers 1910 vom Cannstatter Wasen zum Bodensee, ein Rekord, der aber keinen mehr interessierte, weil Louis Blériot ein Jahr vorher den Ärmelkanal überflogen hatte.

Heutzutage sind die großen Fragen, die man sich beim ehemaligen Menschheitstraum Fliegen stellt, meist kulinarischer (Wie ist das Bordmenü?) oder auch pekuniärer Art (Wo gibt's einen Flug nach Berlin für 29 Euro?). Da war man vor hundert Jahren noch tiefgründiger und metaphysischer, schickten sich doch damals tollkühne Männer mit ihren fliegenden Kisten an, wie griechische Helden den Göttern den Himmel streitig zu machen. Entsprechend waren damals pathetische Flughymnen en vogue, auch Karl Vollmoeller ließ sich nicht lumpen und dichtete 1909 »Volare necesse est«, also »Luftfahrt tut not«, nicht die langweilige Seefahrt:

Dich sing ich Zeit der Zeiten – meine Zeit:
Ein später Herbst verschollener Sagenblüten
Wandelst du bleiches Traumgold ferner Mythen
In Stahl der Wirklichkeit.

Wie stöhnte noch das sinkende Jahrhundert
In selbstgeschaffner Fron, in Qualm und Dampf,
Im Lärm von Stahl und Hammer, Hast und Krampf –
Nun schauen wir verwundert,

Wie die Tyrannen, die wir selbst gesetzt,
Die dräuenden Geschlechter der Maschinen,
Uns plötzlich untertan und willig jetzt
Zum Traum der Träume dienen.

Denn Wirklichkeit ward Traum: die rußigen Quadern
Der knechtischen Epoche, eng und hart,
Verrückten sich. Pochend in allen Adern
Vom Blut der Gegenwart,

Spreitet ein neues Fabeltier die Schwingen
Aus schwacher Leinwand, dünnem Holz und Rohr.
Der Raum entsinkt, die Erde deckt ein Flor.
Die straffen Drähte singen,
[…]

Karl Vollmoeller bastelte in Vaihingen auf dem Werksgelände seines Vaters an Flugzeugen herum, außerdem war er Archäologe, Philologe, Lyriker, Übersetzer, Pionier des Automobilbaus, Pionier des Stumm- und Tonfilms und, und, und.

Geboren ist Karl Vollmoeller in Stuttgart in der Kasernenstraße, der heutigen Leuschnerstraße. Er wuchs in der Vollmoellerschen Villa an der Hasenbergsteige auf, fand nach seinem Studium zum Kreis um den charismatischen Lyriker Stefan George und schrieb Gedichte und Dramen. Sein glänzender Sprachstil wurde bewundert, seinen größten Erfolg hatte Vollmoeller mit dem wortlosen Drama »Das Mirakel«, inszeniert von Max Reinhardt. Ein Jahr lang war es der Publikumsmagnet am Broadway in New York.

Bis heute wirkt von Vollmoeller, der auch Kulturmanager war, allerdings etwas ganz anderes nach: Ein paar atemberaubend lange Beine und ein unbeschreibliches erotisches Timbre in der Stimme. Nein, nicht seine Beine und nicht seine Stimme, sondern die von Marlene Dietrich. Er vermittelte ihr die Hauptrolle im 1930 gedrehten Film »Der Blaue Engel« und legte damit den Grundstein ihrer Weltkarriere. Auch das Drehbuch zum »Blauen Engel« schrieb er und Josef von Sternberg schlug er als Regisseur vor. Wenn Sie also hier in der angrenzenden Vollmoellerstraße »Ich bin von Kopf bis Fuß auf Liebe eingestellt« singen, trällern Sie das Lied von Vollmoellers populärster Entdeckung.

Spielplatz im Vaihinger Stadtpark

3

Wir gehen nun ein Stück die *Vollmoellerstraße* auf der rechten Seite aufwärts und, an der Bushaltestelle vorbei, nach rechts auf dem Fußweg in den Park. Linker Hand am Beginn des Parkwegs sehen Sie zunächst den *Spielplatz im Vaihinger Stadtpark*. Ob Sie dort den Käfer sehen, den der Vaihinger Autor Mathias Jeschke vielleicht an diesem Spielplatz entdeckte, als er seiner Tochter beim Spielen zuschaute?

Als »Talentscout« entdeckte Karl Vollmoeller die Sängerin und Schauspielerin Marlene Dietrich für den Kultfilm »Der Blaue Engel«.

Der goldglänzende Rosenkäfer, im Gedicht von Mathias Jeschke »ein Büroangestellter, brummelig in ungeordneten Unterlagen wühlend«.

Goldglänzender Rosenkäfer

Das Flugzeug mit den Papierflügeln in der Hand,
hast du ein Auge auf deine barfüßige Tochter,
die an diesem Tag noch Kopfstand lernt.

Du blätterst um. Motorengeräusch von links.
Was ist da los? Das kann nur ein Maikäfer …
Doch, halt! Was für ein Grün! Und wie so golden?!

Eine Brosche. Sie landet schwer am Fuß des Baums.
Puzzelt eigensinnig vor sich hin, ein Büroangestellter,
brummelig in ungeordneten Unterlagen wühlend.

Großes Baugerät mit Riesenreifen, Riesenschaufeln
im Abraumgelände über Hügel und Haufen kippend
vor dem inneren Auge, kämpft sich der Käfer voran.

Ein selbständiges Sammlerstück, schickt er sich an,
im Gras zu verschwinden. Macht einen Fabre,
Humboldt, Linné aus dir, wie du ihm hinterherkriechst!

Das abenteuerliche Auge skizziert die Schatzkarte,
den Käfer und seine Rückenzeichnung, sieht schon
das Goldstück als Belohnung an den Mast genagelt.

Er segelt mit dir nach Ägypten, Indien, Südamerika …
Mediterran bereits der Nachmittag unter Bäumen,
die leicht als Ölbäume durchgehen könnten.

Kein Maikäfer? Er ist zwar im Mai zu sehen, heißt aber tatsächlich »goldglänzender Rosenkäfer«, wie im Titel erwähnt. Seit mehr als einem Dutzend Jahren lebt Mathias Jeschke mit seiner Familie in Stuttgart. Dort arbeitet er als Verlagslektor und als freier Autor. Das Gedicht stammt aus seinem letzten Gedichtband mit dem Titel »Das Gebet der Ziege«. Seine Frau ist diejenige, die sich – wie Sie bereits gehört haben – in der Stuttgarter S-Bahn verirrte.

Wir gehen nach dem Spielplatz auf dem Fußweg weiter und stoßen auf den von Linden bestandenen Hauptweg. Diesem folgen wir nach rechts bis zur kreuzenden *Emilienstraße.*

Emilienstraße

Schauen Sie doch mal, ob die Kastanienbäume blühen! Oder sind Sie im Herbst unterwegs und die Kastanien liegen schon auf dem Boden? Ein melancholischer Rückblick auf die Zeit in Vaihingen eines wieder nach Berlin entschwundenen Lyrikers wirft einen Blick auf diese Bäume hier in der Emilienstraße und auch anderswohin:

Wir sagen Vaihingen, nicht Böhmen am Meer

Was heißt denn das, Honigwiesen? Sie dienen einer Baufirma als Lagerplatz. Unablässig wird gehämmert und gebohrt. Garagen werden zu Doppelgaragen. Man stockt auf und baut an. Das macht man anderswo auch. Aber hier hat es mich immer geschmerzt. Nur die Firma WTA (Wassertechnische Anlagen) konnte mich erheitern mit ihrem plakatierten Angebot: ›Kanister laufend zu verkaufen!‹

Was hochgezogen wurde, ist ohne Maß und Form. Verschreckt schauen die Passanten auf den architektonischen Größenwahn im ehemaligen Esslinger Spitaldorf, das sich gemausert hat zur urbanen Ödnis. Und wie zum Hohn bescherte man den lokalen Einkaufswütigen eine traurige Baulichkeit mit dem Namen Schwaben-Center.

Wenn da nicht die Emilien-Straße wäre, mit ihren Kastanienbäumen. Die schlagen im Frühjahr' aus und beginnen zu blühen. Und im Herbst fallen die Früchte. Oder das Waldheim im Lauchhau, wo uns die Kurzgeschorenen aus den Patchbaracks die Maultaschen wegfraßen. Und der Platz des Kraftsportvereins, auf dem die schmächtigsten Bürschlein sich tummelten. Die Paradiesstraße, oder besser der Paradiesplatz, angelegt, um die abnadelnden Bäume aufzunehmen nach Weihnachten. Und die Betzweiler Straße, in der ein japanischer Hund die Wache hält.

Dies ist keine liebliche Gegend, weder Stadt noch Land und der Fluss, der hier noch ein Bach ist, muß gleich unter die Erde. Siedlung am Autobahnkreuz; der Geräuschpegel verschafft einem die Illusion von Strand und Brandung. Wütender Autoverkehr, offenbar wollen alle durch diesen Ort, aber niemand bleibt hier.

Auch die Straßenbahn, unser Einser, hastet die Kaltentaler Abfahrt hinunter. Auf dem Richtungsschild liest man in Versalien: Bloß weg hier. Wir kommen erst zurück, wenn die Kastanien blühen.

Jürgen Stelling, 1947 in Berlin geboren und Buchhändler, Herausgeber und Autor, war lange Jahre Mitinhaber des »Vaihinger Buchladens« in der Robert-Leicht-Straße. Die Ortsangabe »Böhmen am Meer« mag verwundern, aber diese recht merkwürdige geografische Angabe taucht auch im Werk des englischen Dramatikers William Shakespeare und der deutschen Dichterin Ingeborg Bachmann auf, ein Ort der Sehnsucht und des geglückten Lebens. Zumindest wenn die Kastanien blühen, ähnelt Vaihingen vielleicht Böhmen am Meer …

Wir träumen noch etwas vom geglückten Leben und schaffen es so durch eine Unterführung zum *Vaihinger Markt*. Dazu überqueren wir die *Emilienstraße*, gehen in die *Sigmundtstraße*, tauchen in die Unterführung und gelangen auf der anderen Seite der Hauptstraße in die Fußgängerzone. Schräg links beim *Vaihinger Markt 26* biegen wir in einen Durchgang zu einem großen Innenbereich. Rechter Hand finden sich das »Marktstüble« und daneben ein Eiscafé mit der Adresse *Vaihinger Markt 16*.

Vaihinger Markt 16

Karl Vollmoeller spielte sein Bühnenstück vor einem Millionenpublikum, aber war ja eigentlich kein Vaihinger. Aber eine waschechte Vaihingerin, Felicia Zeller, 1970 in Stuttgart geboren, die ihren Ort der Kindheit pünktlich nach dem Abitur Richtung Berlin verlassen hat, schreibt heute erfolgreiche Bühnenstücke. Sie hat uns eigens für dieses Buch einige legendäre Orte ihrer Kindheit in Vaihingen verraten:

Meine Jugend verbrachte ich hauptsächlich an folgenden Orten / an denen mit folgenden Worten / Gedenktäfelchen anschraubbar sind:

1. Eine Bank mit Blick auf Kaltental irgendwo auf den Fildern zwischen Vaihingen und Möhringen.
   Hier rauchte heimlich die Dramatikerin und Prosaautorin Felicia Zeller selbstgedrehte Zigaretten, durch den vor ihr

aufgespannten Zaun die im Tal hin- und herkriechenden Straßenbahnen, die wie Spielzeug aufgestellten Häuschen.

2. Einer der weißen Stahlrohrstühle im Eiscafé Roma oder Venezia am Vaihinger Marktplatz.
   Hier trank die Autorin Felicia Zeller unzählige Tassen Cappuccino und diskutierte Gott, die Welt und unser mögliches Verhalten darin, am liebsten während im
3. Fanny-Leicht-Gymnasium Physik- und/oder Religionsunterricht stattfand.
4. Ein hölzerner Stuhl im Lokal »Maulwurf«, Möhringer Landstraße.
   Dort trank die Schriftstellerin Felicia Zeller kleine Gläschen Rotwein und bewunderte die langhaarigen Kellner des Kneipen-Kollektivs.
5. Friedemannweg 7.
   Aufgewachsen in diesem Haus.
   Ich ging in den Garten und verarbeitete sämtliche Fichtennadeln zu Parfüm. Ich riss die Nadeln von den Bäumen und stopfte sie in Eimer. Wasser dazu. Deckel drauf. Eine riesige Industrie entstand. Kleinere Gewerbegebiete, in denen das mit den Tannennadeln angereicherte Wasser aus den Eimern in Fläschchen, und Sammellager, in denen diese Fläschchen aus der Umgebung zusammengetragen und gelagert werden mussten, entstanden drumrum. Der Garten war voll. Die Bäume kahl.

Die in Berlin lebende Dramatikerin Felicia Zeller verrät uns exklusiv die legendären Orte ihrer Vaihinger Kindheit.

Wie Sie feststellen, heißt das Eiscafé heute weder Roma noch Venezia. Vielleicht ließe sich die Idee aber trotzdem aufgreifen, einen exklusiven Felicia-Zeller-Rundweg einzurichten? Felicia Zeller studierte an der Filmakademie Ludwigsburg und lebt jetzt im schönen Berlin-Neukölln. Sie schreibt Theaterstücke mit Titeln wie »Meine Mutter war einundsiebzig und die Spätzle waren im Feuer in Haft«, »Club der Enttäuschten« oder »Deutsches Hysterisches Museum«. Sie gilt als die »schwäbische Elfriede Jelinek«. Im Internet ist sie unter anderem vertreten mit der informativen Adresse »www.landessexklinik.de«. Da bekommt man spannende Sex-Tipps. Ach ja, ein halbes Dutzend Preise hat sie auch schon bekommen.

Nach dem Vaihingen-Flüchtling Felicia Zeller nun zu einem Dichter, der sein ganzes kurzes Leben in Vaihingen zubrachte. Dazu gehen wir am Eiscafé vorbei und bei der nächsten Gelegenheit wieder rechts zu dem Fortsetzungsweg der Fußgängerzone. Wir stoßen auf die Kreuzung *Lutzweg/Lombacher Straße* und gehen kurz in die *Lombacher Straße*, bis nach wenigen Metern links ein Schleichweg zur *Ernst-Kachel-Straße* führt. Dann gehen wir rechts herum zur *Ernst-Kachel-Straße 13*, dem ältesten Fachwerkhaus Vaihingens. Die Ernst-Kachel-Straße hatte früher einen schmuckloseren Namen, sie hieß einfach »das Gässle«. Damals gab es keine Industrie und keinen Bahnanschluss. Vaihingen war ein Bauern-, Weingärtner- und Steinbrecherdorf. Und dazu passt ein Gedicht von Karl Friedrich Mezger (1880–1911), dessen Elternhaus zwar nicht dieses schöne alte Haus war, aber etwa hier in dieser Straße stand:

Ernst-Kachel-Straße 13

Mein Elternhaus …

Mein Elternhaus, darin ich einst als Knabe
Das schönste Jugendglück genossen habe,
Das nun ein Opfer ist der Zeit geworden,
Sei hier geschildert, nur mit wenig Worten:
Ein kleines Haus – am Dorftor hat's gestanden –
Um das sich Geisterspuk und Sage wanden;
Wohl ein Jahrhundert hat es auf dem Rücken –
Die Giebel schief, mit übertünchten Lücken.
Und vor dem Haus ein schlicht umzäunter Garten,
Darin einst blühten schöner Blumen Arten.
Ein Birnbaum auch, der weit die Äste streckte
Und unser Haus mit seinen Schatten deckte.
Und unterm Dach zwei kleine, niedre Stuben,
Zu eng für uns, drei Mädel und sechs Buben;
Drum ging der Tod auch oft bei uns vorüber
Und führte sechs Geschwister still hinüber.
Auch war im Haus stets aus- und eingegangen
Frau Sorge mit den bleich vergrämten Wangen.
Doch konnten nie die Schicksalsboten rauben
Der Eltern Lieb' und ihren frommen Glauben.

Durch die Gedichte des Vaihingers Karl Friedrich Mezger (1880–1911) ziehen sich die Spuren eines schweren Lebens voll Armut und Krankheit.

Als Karl Friedrich Mezger ein halbes Jahr alt wurde, erkrankte er an einem Rückenmarksleiden und blieb sein Leben lang kränklich und behindert. Nachdem der Vater starb, als er elf Jahre alt war und die Mutter ebenfalls schwer krank wurde, kam er ins Waisenhaus und lernte das Buchbinderhandwerk. Bald wurde er wieder schwer krank, kam aus dem Waisenhaus wieder zur Mutter zurück und half ihr, nachdem er sich wieder berappelt hatte, bei der Heimarbeit für die Trikotagenfabrik von Robert Vollmoeller. In dieser Zeit fragt er bei der Vaihinger Druckerei Scharr an, ob nicht ein paar seiner Gedichte gedruckt werden könnten, gleichzeitig findet er schließlich auch eine Anstellung im Büro der Druckerei.

Blüten am Wege.

Gedichte aus dem Nachlaß von Karl Fr. Mezger.

1913.

Verlag von J. F. Steinkopf, Stuttgart.

Nur zwei schmale Gedichtbände umfasst das Werk von Karl Friedrich Mezger. Nach seinem Tod erschien 1913 im Steinkopf-Verlag der Band »Blüten am Wege«.

Mezgers Verse sind schlicht, religiös gefärbt und oft von Trauer durchzogen. Man schaue sich Mezgers Leben einmal im Vergleich zu Karl Vollmoellers Vita an. Mezger stirbt 1911 mit 31 Jahren und wird nicht in Los Angeles, sondern auf dem Vaihinger Friedhof beerdigt.

Wenn wir nun die *Ernst-Kachel-Straße* wieder zurück- und weiter geradeaus in Richtung Rathaus gehen, kommen wir an der Ecke *Pfarrhausstraße/Vaihinger Markt* an einer Dönerbude mit dem schönen Namen »Ratsstube Aladdin« vorbei. Wir befinden uns schon an der Rückseite des Bezirksrathauses Vaihingen. Rechts um das Rathaus herum kommen wir zum Haupteingang des schmucken Gebäudes. Dort sieht man den mit einem Hahn geschmückten Rathausbrunnen und um den Brunnen herum sowie an der Rathausfassade die Wappen der einzelnen Orte des Bezirkes Vaihingen. Das ehemalige Vaihinger Wappen, das zerbrochene Rad, weist auf die interessante Ortsgeschichte hin: Vaihingen ist seit achtzig Jahren ein Stadtteil von Stuttgart und gehört seit zweihundert Jahren zu Württemberg. Zuvor war es als Besitz des Esslinger Spitals ein Teil der Freien Reichsstadt Esslingen. Und dieses Esslinger Spital führte im Wappen das zerbrochene Rad der heiligen Katharina von Alexandria.

Wir überqueren nun die *Robert-Leicht-Straße* an der Fußgängerampel und gehen in die *Bachstraße*, die rechts des Einkaufszentrums »Schwabengalerie« leicht ansteigt. Dabei sehen wir links am Treppenaufgang zum Schwabenplatz Fotoporträts von Personen, die mit der ehemaligen Brauerei Leicht verbunden sind. Diese befand sich bis 1997 an diesem Platz. Vorbei am Feuerwehrhaus Vaihingen, geht es weiter entlang der Bachstraße. Wer möchte, wirft noch einen Blick auf den rechts abzweigenden Weg *Kelterberg*, an dem einige schöne historische Gebäude wie zum Beispiel die restaurierte Alte Kelter liegen.

Bachstraße/Seerosenstraße

Die Bachstraße ist nun vom Straßenbild nicht besonders aufregend, aber ich bitte Sie, sich zu vergegenwärtigen, was unter Ihnen fließt: Der sagenumwobene Nesenbach! An der Straßenecke *Bachstraße/Seerosenstraße* gab es früher sogar zwei kleine Seen, die als Feuerlöschteiche dienten. Man stelle sich vor, es gäbe den Nesenbach nicht. Würde dann etwas fehlen? Die Konsequenzen hat sich der ehemalige Vaihinger Bezirksvorsteher Walter Mezger und Dialektdichter in seinem Band »'s Vaihinger Rädle« mundartdichterisch in schreckenerregenden Szenerien ausgemalt:

Das von der Bildhauerin Hanne Schorp-Pflumm gestaltete Denkmal gegenüber der Schwaben-Galerie erinnert an die Zeit der Vaihinger Steinbrecher.

Dr Nesebach

Ogstört no vom Autokrach
hoscht en ghört, de Nesebach,
wenn er vo de Honigwiese rei
plätschert isch en Flecke nei.
Dort send Buaba gern dren gwadet,
d'Vaihinger Gäs hen sich dren badet;
bloß no merke tuascht en heut
am Gstank, wenns ander Wetter geit,
oder wenn'r en dr Wuat
d'Keller überschwemme tuat.
Aber hätt mr ehn net ghätt,
no wär Stuegert net so nett.
I glaub, daß mr sage ka:
no wär Stuegert gar net do!
D'Filderebene wär halt weiter,
dr Pfaffewald a bißle breiter,
vom Kriegsberg bis zum Bopser nomm,
do könntst laufe ebe romm.
Wo onte älles isch verbaut,
gäbs obe vielleicht Filderkraut.
Wos Schloß ischt, des ons älle gfällt,
wär drüber jetzt a Rüabafeld!
's wär doch a Jammer, liabe Leut,
dromm send mr froh, daß es en geit.
Hot er au em Baedeker koin Stern,
mir Vaihinger hent en trotzdem gern,
denn bei ällem, was er kriagt zum Trenke,
ka er net anders, er muaß jo stenke!

Seien wir froh, dass er sich heutzutage bedeckt hält und wir seinen Gestank nicht mehr riechen müssen wie die Vaihinger und Stuttgarter in früheren Jahrhunderten. Weiter geht es in der Bachstraße zur *Alpenrosenstraße*, in die wir links hineingehen. Dann überqueren wir die *Hauptstraße*. Auf der anderen Straßenseite geht es schräg nach rechts über das *Krehlplätzle*, und man erreicht den *Hahnenweg 4*.

Hahnenweg 4

Hier kommen wir an einen enorm literaturträchtigen Ort, denn lange Jahre war er immer wieder eine Hochburg für viele Literaturschaffende: Die ehemalige »Weinstube Metzger«. Zweimal im Jahr fand hier jahrelang bis zur Schließung im Jahr 2010 etwas ganz Besonderes statt: Ein »literarisch-kulinarisches« Menü, Literatursport zwischen Spätzle, Rostbraten und Salat. Unter der Leitung des ehemaligen Vaihinger Pfarrers Dietmar Seiler entstanden hier an den Abenden aus dem Moment heraus Geschichten und Gedichte, die bestimmte Wörter enthalten mussten. Aber nicht nur das: Diese Veranstaltung war gleichzeitig auch jeweils die Präsentation eines neuen Buches mit Texten, die in Literaturwerkstätten der Volkshochschule entstanden. Dietmar Seiler hat auf diese Art auch seine traumatischen Frisör-Erlebnisse niederschreiben und präsentieren können:

Von Elvis Presley bis zum Teuro

»Lass jo ebbes mehr abschneide. Na hebts a bissle längr«, hat mir Mutter eingeschärft. Vater in Kriegsgefangenschaft. Deswegen war das Geld bei uns knapp und besonders das für den Frisör.

Nach neun Minuten schüttet der alte Mann aus einem silbernen Blechbauchgefäß noch Riechwasser auf meine Resthaare. Sie werden »nabadschd«. So platt wie später bei Elvis Presley, der in Vaihingen im Württemberger Hof seine freien Abende verbrachte, wenn er mal in den »Barracks« Ausgang hatte. Er hat den Vaihinger Mädchen scharenweise den Kopf verdreht. Aber das war viel später. Damals ahnte ich nicht, dass ich später in Vaihingen literaturfördernde Friseurerfahrungen machen würde.

Später in meinem Leben bei der neuen Arbeitsstelle in Vaihingen ist eine Managerfrisur angesagt. Natürlich in der Hauptstraße. [...] Bei meinem neuen Friseur. War Klosterzögling, wie er gleich erzählt. Nun Mitglied im »Ring der Coiffeure«. Bildet sich laufend weiter. »Sonst hält man seine gute Kundschaft nicht. Die verlangen Toparbeit.« Golfspieler. Urlaub auf Hawaii.

Nehme Platz. Kaffee wird gereicht. Der Maestro arbeitet hart. Wir reden über die Stadt und die Geschäfte. Über den Konsumtempel nebenan. »Dann kommt so eine Kette und die verderben die Preise. Alle Fachgeschäfte haben Sorgen.« Schneidet zum 7. Mal rundherum. »Nein, für mich habe

Der ehemalige Vaihinger Pfarrer Dietmar Seiler organisierte jahrelang in Vaihingen ein »literarisch-kulinarisches« Menü, Literatursport zwischen Spätzle, Rostbraten und Salat. Hier zu sehen mit seiner Drehorgel »Prinzessin Franziska von Waldkirch«.

ich keine Sorge. Meine Kundschaft, die geht nicht zu den Schnellschneidern.« Schneidet 40 Minuten. Dann werden einzelne Haare gekürzt. Föhnen. Bürsten. Eine überstehende Strähne auf exakte Länge getrimmt. Kämmen. Bürsten. Noch ein Haar weg. Spiegel. Kenne mich nicht mehr. 10 Jahre jünger. Komme nicht nur mit perfekter Frisur heraus, fühle mich gehoben. Gepflegter Anspruch. Am gleichen Tag werde ich dreimal gefragt, zu welchem Friseur ich gehe.

Die Rechnung stolz. »Schönheit muss leiden«, hat meine Mutter immer gesagt. Und man verdient ja auch etwas mehr.

Monate später kommt der Euro. Und mein Starfriseur – wie seine Kollegen – nimmt das zum Anlass, den Preis unangemessen zu erhöhen. Bin sauer und empört. Beschließe, ganz Europäer, nicht mehr zum Friseur zu gehen. Teuroboykott. Die Haare werden lang und länger. »So kannst du nicht mehr rumlaufen«, sagt nicht nur meine Frau. Aber den Abzockern muss man es zeigen.

Seitdem lässt Dietmar Seiler sich die Haare auf Urlaubsreisen schneiden, sei es in Slowenien, Kurdistan oder in New York. Nachdem die Weinstube mittlerweile ihre Pforten geschlossen hat, finden die »literarisch-kulinarischen Menüs« nun allerdings nicht in Kurdistan statt, sondern in Sindelfingen. Dietmar Seiler war in und um Stuttgart evangelischer Pfarrer, Missionar in Surinam, Studentenpfarrer im Saarland, und im Ruhestand organisierte er »D' Schwäbische Kirch« in Vaihingen und Gaisburg, schwäbische Gottesdienste, aus deren Predigten auch wieder ein Buch entstanden ist. Noch etwas vergessen? Ach ja, die Liebe von Dietmar Seiler zu Prinzessin Franziska von Waldkirch, seiner Drehorgel, mit der er zusammen auftritt. Es gibt, wie Sie merken, auch nach Karl Vollmoeller noch Tausendsassas!

An der nächsten Station können Sie, wenn Sie die Badehose eingepackt haben, einen kleinen Zwischenstopp einlegen: Wir gehen zum Vaihinger Freibad. Dazu entfernen wir uns auf dem *Hahnenweg* noch weiter von der Hauptstraße, gehen dann links in die *Stoßäckerstraße* und rechts in die *Krehlstraße*.

Wir überqueren die *Vollmoellerstraße*, gehen links an einem Spielplatz und rechts am Rosentalsee vorbei, der das Hallenbad umrahmt. Rechts hinter diesem Weiher geht es in die *Freibadstraße*. Am Parkplatz hat man einen Blick auf die Rückseite des Freibadgeländes *Rosentalstraße 21*.

Rosentalstraße 21

Was es hier nicht alles gibt: Bodensprudler, Sprudelliegen, Beach-Volleyball-Felder, FKK-Wiese und als besondere At-

Der Autor, Buchhändler und Antiquar Horst Brandstätter (1950–2006) verbrachte seine Kindheit in Stuttgart-Vaihingen und sammelte mit einem Freund »die leeren Bierflaschen der GI's, die sie uns großmütig und gutwillig überließen«.

traktion eine zehn Meter hohe und hundert Meter lange Muldenrutsche. Da war die Freibadausstattung früher doch etwas spartanischer, was aber wohl niemanden gestört hat. So erinnert sich der Autor, Buchhändler und Antiquar Horst Brandstätter (1950–2006) an seine Kindheit in Stuttgart-Vaihingen in den 1960er-Jahren:

Die Umkleidekabinen des Freibades in Stuttgart-Vaihingen waren noch aus Holz, rochen nach Harz und Karbolineum, und auf die Wiese verirrten sich Frösche vom nahen See. Taschengeld gab es nicht, und so sammelten wir die leeren Bierflaschen der GI's, die sie uns großmütig und gutwillig überließen. Flaschenpfand. Wenn wir für das Müttergenesungswerk oder das Rote Kreuz sammelten, dann machten wir das große Geld an den Haustüren der Offiziershäuser in den Patch Barracks, wo man zum einen Fenster hinein und auf der gegenüberliegenden Seite wieder hinausgucken konnte. Wir hatten noch keinen Durchblick, waren zwölf oder dreizehn, fuhren Fahrrad und waren arglos und grausam. Fuhren von Vaihingen nach Büsnau, an den Schattenring, zum Katzenbacher Hof, Bärenschlößle und Solitude. Oft ans Glemseck, wo wir einen Stollen entdeckten, den die in einem Krieg gegraben hatten, der für uns in den Heften von Prinz Eisenherz stattfand. Manche Eltern hatten Fernseher, und wir sahen reihum Lassie, rauchten in dem Stollen, wo es nach Fäulnis roch und die Erde an den Wänden und Decken rieselnd in Auflösung begriffen war, Collie-Zigaretten und spielten mit einem verrosteten Stahlhelm Fußball. Wir fuhren auf der Rennstrecke, klemmten Bierdeckel zwischen die Speichen, knatternde Geräusche, die uns an die knappe Woche im Jahr erinnerten, wo wir rücksichtslos Bänke in den Wald zimmerten, vor dem Fahrerlager um Autogrammkarten anstanden und begierig die apothekenartig angereicherten Abgase einsaugten, wenn Jimmy Clark, ich glaube auf Brabham, so knapp die Kurve schnitt, daß sich die Grasbüschel auf der anderen Straßenseite auf den Strohballen schichteten.

Brandstätter war allerdings kein melancholischer Kindheitsbeschwörer, sondern ihn beschäftigten Themen und Stoffe

Die Jugendbücherei der Ludwig-Uhland-Bücherei

STUTTGART-VAIHINGEN, ROBERT-KOCH-STR. 21

5000 Bücher

stehen für **Kinder und Jugendliche** im Alter von 10 - 16 Jahren zur kostenlosen Benutzung bereit.

STADT STUTTGART
– KULTURAMT –

Öffnungszeiten:
Dienstag 16 - 19, Mittwoch 13 - 14, 15 - 17
Donnerstag 15 - 17, Freitag 16 - 19 Uhr

Schon als kleiner Junge stöberte die passionierte »Bücher- und Leseratte« Horst Brandstätter in den 1960er-Jahren in der Vaihinger Bücherei (hier im Bild links im Alter von acht Jahren).

der baden-württembergischen Kultur- und Literaturgeschichte und verdrängte oder vergessene Streiter für Freiheit und Demokratie. Im Jahre 2010 wurde eine Dauerausstellung auf dem Hohenasperg eröffnet, betitelt nach einem Buch von Brandstätter: »Hohenasperg – ein deutsches Gefängnis«. Die Leselust Horst Brandstätters ist auch durch ein Dokument belegt, das sicher nicht mehr in vielen Exemplaren existiert, nämlich durch einen Prospekt der Filiale Vaihingen der Stadtbücherei aus den 1960er-Jahren, dessen Deckblatt ihn als Kind zeigt. Brandstätter verbrachte die letzten zwanzig Lebensjahre auf der Höri in Öhningen. Er starb 2006 in Baden-Baden.

Wer nun nicht durch den Wald nach Rohr wandern möchte und stattdessen etwas Zeit gewinnen will, kann vom Vaihinger Freibad die *Krehlstraße* weitergehen und rechts in die *Waldburgstraße* einbiegen. Dort steigt man an der *Haltestelle »Pestalozzi-Schule«* in die Buslinie 82 Richtung »Rohr Mitte« und fährt bergaufwärts zwei Stationen bis zur *Haltestelle »Am Ochsenwald«*.

Ansonsten erlauben wir uns nach dem vielen Pflastertreten in Vaihingen ein wenig Wald und Wiesen. Dazu spazieren wir auf dem Parkplatz parallel der Freibadstraße weiter und kommen zu bei der *Hausnummer 73* zu einem Kiesweg, den wir rechts einbiegen und, am »Club Calabria« und am Kindergarten vorbei, weitergehen, bis wir einen Weg erreichen, der geradeaus weiter an den Kleingärten entlangführt. Wir spazieren den Weg durch das flache Tälchen immer weiter, links liegen die Kleingartengrundstücke, rechts die Wiesen am baumgesäumten Sindelbach. Bald hören wir die Autobahn rauschen. Nachdem links des Wegs die *»Skihütte« des Vaihinger Skiclubs* auftaucht, überqueren wir schließlich den Bach. Links folgt nach einer Schranke ein Waldweg, dem wir folgen, bis wir schließlich die gepflasterte *»Panzerstraße«* erreichen. Diese gehen wir aufwärts, bis links der *Forchenweg* abzweigt. Den Forchenweg folgen wir aufwärts bis zur Rohrer Höhe. Wir kreuzen den Parkplatz des evangelischen Waldheims und gehen weiter den schmalen Weg bis zur *Waldburgstraße,* die wir überqueren und rechts hinaufgehen. Links geht es die *Thingstraße* hinein, rechts finden wir die *Bushaltestelle »Am Ochsenwald«*.

Bushaltestelle »Am Ochsenwald«

Diesen Waldspaziergang wollen wir noch mit einem Text des lange in Stuttgart-Rohr lebenden Dichters und Pfarrers Albrecht Goes (1908–2000) ausklingen lassen:

Am Ende der Thingstraße liegt eines von meinen liebsten Waldstücken; da haben sie in den letzten Jahren ziemlich viel abgeholzt, aber nun stehen dort ein paar hohe, einsame Kiefern, eine Tannenschonung überragend, Birken

»Wenn ich Fantasiespiele treiben will – und ich will –, dann gehören diese Kiefern in den Pinienhain vor Ravenna …«, so der Dichter Albrecht Goes über die Kiefern im Ochsenwald bei Stuttgart-Rohr.

und Lärchen sind ganz nahe. Hier kenne ich jeden Weg, jede Beleuchtung, jedes Dickicht; ich weiß, wie es aussieht in der frühesten Frühe, am Winterabend, in der Osternacht, am Nebeltag. Zwischen Tag und Dunkel verwischen sich alle Konturen; wenn ich Fantasiespiele treiben will, und ich will, dann gehören die Kiefern in den Pinienhain vor Ravenna und die schmalen Lärchen gleichen den Zypressen von Fiesole; ich blicke ins Ungefähre und spare mir eine Italienreise.

Na also, wieder etwas gespart! Das Häusle, das sich Albrecht Goes – vielleicht wegen gesparter Italienreisen – leisten konnte, schauen wir uns gleich an, kommen aber vorher zu einem Historiker und Schriftsteller, der – zu seinem eigenen Leidwesen – immer auch von Beruf »Sohn« war.

Thingstraße 68

Dazu geht es in die Thingstraße. Auf der linken Seite sehen wir in der *Thingstraße 68* ein neues, recht unscheinbares einstöckiges Haus mit Giebeldach. Das Haus, das früher diese Adresse führte, stand versetzt dahinter und hatte den Zugang rückseitig von der Straße Satteläcker her. Der Historiker Golo Mann (1909–1994) lebte hier Anfang der 1960er-Jahre, der berühmte Sohn des noch berühmteren Vaters Thomas Mann. Golo Mann war ab 1960 Professor für Wissenschaftliche Po-

Golo Mann, der berühmte Historiker und Sohn des noch berühmteren Thomas Mann war nicht unbedingt ein Stuttgart-Fan: »Die Stadt Stuttgart ist affreuse [grauenhaft], ich nahm sie bloß wegen der Nähe zur Schweiz ...« Das Foto stammt aus seiner Stuttgarter Zeit.

litik an der damaligen TH Stuttgart, kehrte aber bereits 1963 Stuttgart wieder den Rücken zu. Und was soll ein Historiker in einem Buch mit Schriftstellern und Dichtern? Golo Mann löst dieses Rätsel selbst:

»Historiker und Schriftsteller« – so steht es irgendwo und stimmt ja auch. Das ist so gekommen. Eigentlich wollte ich nicht. Da mein älterer Bruder schon Schriftsteller war, seit Frühestem, und dann mein Vater, mein Onkel seit Längstem, so suchte ich meine werdende Identität anderswo, ohne zu wissen, in welcher Richtung. Ich fing an, »Geschichte« zu studieren [...]

Also ein Historiker wider Willen, der dann aber ein großer Schriftsteller unter den Historikern wurde und 1958 ein enorm erfolgreiches Geschichtsbuch schrieb, die »Deutsche Geschichte des 19. und 20. Jahrhunderts«, ein historisches Standardwerk in Millionenauflage, literarisch brillant und in zahlreiche Sprachen übersetzt. Und nicht nur das, Golo Mann schrieb auch eine Novelle und, man glaubt es kaum, Spuk- und Kriminalgeschichten, die er allerdings nur im Bekanntenkreis vorlas.

Durch Theodor Heuss und den Germanisten Fritz Martini vermittelt, entschied sich Mann für eine Professur in Stuttgart.

Nach der Rückkehr aus den USA, wohin die Familie nach 1933 emigrierte, wohnte Golo Mann in der Schweiz. Sein Institut richtete er in der Sattlerstraße hinter dem Katharinenhospital ein. War Golo Mann und Stuttgart Liebe auf den ersten Blick? Das kann man nun nicht sagen: »Die Stadt Stuttgart ist affreuse [grauenhaft], ich nahm sie bloß wegen der Nähe zur Schweiz …«, so schreibt er 1961 in einem Brief.

Am nächsten Ort widmen wir uns wieder Albrecht Goes, der mit der Familie Mann in Briefwechsel stand. Dazu gehen wir entlang der *Thingstraße*, bis sie einen Bogen zum *Thingplatz* macht. Am schön gelegenen Thingplatz vorbei, gehen wir in die Straße *Im Langen Hau*, bis wir auf der linken Seite zum Haus *Im Langen Hau 5 kommen.*

Im Langen Hau 5

Mehr als vierzig Jahre lang hat der evangelische Pfarrer und Dichter Albrecht Goes hier in diesem Haus mit seiner Frau Elisabeth gewohnt. Nachdem er lange Jahre Pfarrer in Leonberg-Gebersheim war, wagte er die Existenz des freien Schriftstellers und zog 1954 nach Stuttgart-Rohr. Er predigte weiterhin jeweils einmal im Monat in zwei Stuttgarter Gemeinden, hatte aber ansonsten Zeit, sich seinem Werk zu widmen. Das Haus, vor dem Sie nun stehen, ist nun neu verputzt und sieht aus wie aus dem Ei gepellt. Als Goes hier wohnte, sah das Anwesen etwas verwunschener aus, wie es sich für das Haus eines Dichters gehört. Einen schönen Text hat Goes über seinen Wohnort auf der Rohrer Höhe verfasst, aus dem wir auch schon den Abschnitt über den Rohrer Wald gelesen haben:

Wir haben eine berühmte Aussicht ins Weite und Weiteste, an Tagen vor einem Wetterumschlag ist das blaue Gebirge der Schwäbischen Alb fernleuchtend nah. Nicht weniger berühmt ist unsere Luft, die gute Filderluft, gratis vom lieben Gott gespendet; am Monatsende, wenn die Wohnungsmiete fällig wird, merkt man freilich, dass sie nicht durchaus gratis eingeatmet werden darf, und auch unsere Stille, die alle Gäste rühmen, hat, versteht sich, ihren Preis. Es wohnt sich gut hier oben, das will ich frei aussprechen. […] Vielleicht ist dieser kleine Bericht, im Sommer 1967 geschrieben, in wenigen Jahren schon ein »Dokument Eswareinmal«. Vielleicht ist er schon jetzt ein Abschiedslied. Es kann sein, dass sich bald die riesigen Bagger hier oben in den Boden hineinfressen, daß Hochhäuser entstehen, solenne Ladenstraßen, ein Filmpalast, und daß die Kinder, die jetzt noch so unbekümmert auf der Straße Tennisring spielen, keinen Frieden mehr haben, weil die, was weiß ich, die Opels oder die Porsches das Land einnehmen.

Der Schriftsteller Albrecht Goes mit seiner Frau Elisabeth am Gartentörle vor dem Haus in Stuttgart-Rohr

Hoffentlich ohne viel Opels und Porsches gehen wir nochmals zum Thingplatz, eine Grünfläche mit Aussichtspunkt, von der man Vaihingen, Rohr und die ganze Umgebung in östlicher Richtung ausgebreitet liegen sieht. Bereits zu germanischer Zeit soll sich hier angeblich ein Versammlungsplatz befunden haben, auf dem Gerichtsversammlungen stattgefunden haben, der sogenannte »Thing«. Sicher ist zumindest, dass hier im Dritten Reich Sonnwendfeiern stattfanden.

Wir gehen die *Supperstraße* weiter bergab. Unterhalb des Altenheims führt die Supperstraße sowohl geradeaus weiter als auch links in eine Sackgasse. Wir gehen in die Sackgasse, an deren Ende ein schmaler Pfad rechts abwärtsführt, weiter geht es dann durch die *Obere Hagstraße*, bis wir zur *Ecke Krehlstraße/ Obere Hagstraße* kommen und hier verweilen. Wir gedenken nun der wilden 1960er-Jahre mit Studentenrevolution, Pilzköpfen und Miniröcken. Vielleicht wäre uns damals an dieser Stelle ein munterer Geselle begegnet, der abends von der Innenstadt aus der Kulturschickeria heimkehrte und sich noch schnell Lippenstift aus dem Gesicht und einzelne lange, blonde Haare aus dem Mantel schüttelt, bevor er zu Frau und Kind kommt. Er hieß Hellmuth Karasek und wohnte nicht weit von hier zwischen Behringstraße und Goldregenweg:

Ecke Krehlstraße/Obere Hagstraße

In Stuttgart wohnte ich in den ersten Jahren im Stadtteil Rohr, man fuhr mit der Straßenbahn hoch und noch über Stuttgart-Vaihingen hinaus, an der riesigen Leicht-Brauerei vorbei, deren Fabrikbrücke sich über die Straße spannte.

Kurz vor der Endstation lag eine Neubausiedlung, zweistöckige Gebäude, ich bekam in der Haeckerstraße in einem Neubau eine Eineinhalb-Zimmer-Souterrainwohnung, die als Büro geplant war und die mir der Besitzer vermietete und für meine Bedürfnisse herrichtete; durch den großen Büroraum zog er eine Art Pappwand, um auf diese Weise ein kleines Schlafzimmer abzutrennen, das an die Nachbarwohnung grenzte. Die Fenster waren halb unter die Erde versenkt, die Wohnung war düster und wir hatten mit den Nachbarn, die mit ihrem Schlafzimmer an unseres stießen, dauernd Ärger, weil mein Sohn schlecht schlief oder ich und meine Frau sich lautstark stritten. Oder weil die Nachbarskinder schlecht schliefen und die Nachbarn sich lärmend auseinander setzten, bevor der Mann die Frau und die Familie verließ. Vorher hatte er mir einige Male aufgelauert und mir Prügel angedroht. Wir fühlten uns terrorisiert, und nachdem wir in Hitchcocks Film »Psycho« waren, bekamen wir in unserem Bad mit dem winzigen Klappfenster zwischen Zimmer und kleiner als Büro gedachter Küche klaustrophobische Anwandlungen. [...] Am Wochenende hatten wir oft nur das Geld, das wir vom Supermarkt in Rohr für die zurückgebrachten Pfandflaschen bekamen. Aber wir hatten einen Babysitter. Sie hieß Hanni, hatte blond gefärbte, stahlartig toupierte Haare und trug einen atemberaubend kurzen Rock, noch keinen Mini-Rock. Wenn meine Frau sah, wie ich (ich dachte: unauffällig) die Beine von Hanni anstarrte und mit Blicken abtastete, bekam sie schlechte Laune.

[...] Ich ging zum ersten Mal mit meinem Sohn ins Vaihinger Schwimmbad und weiß noch heute, wie ich über die vielen Fettbäuche der Männer erschrak. Zu Hause spielte ich meiner oft depressiv schlecht gelaunten Frau und mir in weinseliger Melancholie Aznavours »Du lässt dich geh'n« vor. Dass sie mich, die ich sie damals oft allein ließ, oft betrog und dass ich sie, oft unterwegs, hinterging, wussten wir erst später und haben es uns zu Recht und zu Unrecht übel genommen und achselzuckend oder liebend, auch lautstark und nach handfesten Auseinandersetzungen, verziehen.

Karasek, 1934 in Brünn geboren, studierte in Tübingen und war in den 1960er-Jahren in Stuttgart als Dramaturg am Staatstheater und bei der »Stuttgarter Zeitung« tätig, bevor er bei der »Zeit« und beim »Spiegel« arbeitete. Bekannt wurde er deutschlandweit als Sparringspartner von Marcel Reich-Ranicki im »Literarischen Quartett«.

Hellmuth Karasek und seine Frau erlebten in ihrer Wohnung in Stuttgart-Rohr Psychoterror wie in einem Hitchcock-Film.

Wir gehen rechts in die *Krehlstraße*, überqueren die *Steigstraße* und gehen auf der anderen Straßenseite in das *Kirchenwegle*, das uns in einen kleinen Park führt. Der *Obere Rohrer See* liegt vor uns. Dort stand in grauer Vorzeit die Burg der Herren von Rohr. Hier im Park, allerdings weiter unten, findet jedes Jahr am Dreikönigstag ein besonderes Spektakel mit Musik und Feuerwerk statt: Der Faschingsverein »Rohrer Waldhexen« erweckt die »Hutteneiche« in Form einer Faschingsmaske zum Leben. Dazu gibt es Musik und Feuerwerk. In der Historie der Rohrer Waldhexen wird über die Bedeutung der Hutteneiche erzählt, die auf ein wahres Ereignis zurückgeht. Er geht darin um den Mord Herzog Ulrichs von Württemberg an seinem Stallmeister Hans von Hutten, dessen Frau die Geliebte Ulrichs war. Wie löst ein Herzog dieses Problem?

Oberer Rohrer See

Der Herzog unternahm eine Jagd im Schönbuch. Auch Hans von Hutten nahm daran teil. Der in seinem Eisenpanzer sicher geschützte Ulrich erhob gegen seinen Stallmeister das Schwert. Aus tiefen Wunden blutend fiel Hans von Hutten tot vom Pferd. Gerüchten zufolge hat Herzog Ulrich die Leiche zur Sicherheit noch an einer Eiche aufgehängt. Diese Eiche wird bis zum heutigen Tag Hutteneiche genannt. Einmal im Jahr dringt Leben in den Baum. Als Maskengestalt wird Hans von Hutten auferstehen und Frau von Hutten wird erhört, als Waldhexe sie dann ihren Meister beschwört. Unser Zunftmeister verkörpert mit seiner Maske, in Gestalt der Hutteneiche, Hans von Hutten. Die übrigen Zunftmit-

»Sex and Crime« im Hause Württemberg: Herzog Ulrich (1487–1550) ermordete seinen Nebenbuhler Hans von Hutten.

glieder verkörpern seine Frau. Ihr Häs signalisiert die Farben des Waldes und der Natur.

Rohrer Friedhof

Den Abschluss unseres Spaziergangs bildet nun der Rohrer Friedhof neben der Laurentiuskirche. Dazu gehen wir das *Kirchenwegle* rechts an der Laurentiuskirche und dem Pfarrhaus weiter bis zur *Reinbeckstraße*. Gegenüber geht es weiter durch die *Diezstraße*. Wir überqueren die *Schönbuchstraße*, bei Bedarf benutzen wir wegen des unübersichtlichen Verkehrs die Fußgängerampel hundert Meter straßenaufwärts. Gegenüber der Diezstraße gelangen wir zum *Rohrer Friedhof*. Nach dem Eingangstor geht der Weg zwei Treppen abwärts. Im *Gräberbereich 5* rechts in der vorletzten Reihe sieht man auf dem zweiten Grab der Reihe ein aufgeschlagenes Buch und eine Feder. Das können doch nur »Dichterinsignien« sein.

Und tatsächlich: Hier liegt Friedrich E. Vogt (1905–1995) begraben. Was Josef Eberle für Rottenburg am Neckar war,

In Stuttgart-Rohr liegt der Stuttgarter Lokalpoet schlechthin begraben: Friedrich E. Vogt, 1905 in der Hauptstätter Straße in Stuttgart geboren.

das war Friedrich E. Vogt für Stuttgart: *der* Stuttgarter Lokalpoet schlechthin. In der Hauptstätter Straße geboren, im bürgerlichen Beruf lange Jahre Lehrer, zuletzt am Goldberg-Gymnasium in Böblingen, lebte er die letzten Lebensjahre in Dürrlewang unterhalb von Rohr. In den 1960er-Jahren begann seine Karriere als Schriftsteller, die 22 Buchveröffentlichungen umfasste: Von der Schwäbischen Grammatik über Killesberg-, Fernsehturm- und Nesenbachlieder bis zu Gedichten »Übers Älterwerda«. Heimatliche Mundartliteratur von hohem Rang zeichnete sein Schaffen aus, nicht bloß Vierteles- und Brezles-Dichtung. In einem Interview von 1973 bemerkte er:

Es gibt bei mir eigentlich keine sachliche Grenze, auch nicht von der Form her: Ich schreibe meist in konventionellen Formen, in konventionellen Reimen. Ich gehe dann aber auch bis zum rein Abstrakten, bis zum Progressiven. [...] Da hat mich allerdings mein Kollege und Konkurrent Josef Eberle sehr darüber getadelt: schon deshalb, daß ich ein Buch rausgebe, das klein geschrieben ist, ohne Satzzeichen und »so progressiv«.

So ist vor allem die Altersdichtung von Friedrich E. Vogt fern jedes Schenkelklopfens:

drzwischa

nemme drhoim
noh net fort
nemme do
noh net dort

s oi' verlore
s ander net gfonda
gohts em oba zua?
oder noch onta?

zwische ällem
hangscht so ond schwebscht:
kaum woischt ob d scho gstorba bischt
oder noh lebscht

S-Bahn-Haltestelle »Rohr«

Auf dem untersten Querweg im Friedhof gehen wir nun nach links bis zur Aussegnungshalle, dann rechts den Ausgang zur *Kopernikusstraße* hinaus. Diese gehen wir links entlang bis zur *Egelhaafstraße,* dort dann rechts und gelangen so zum Endpunkt, der *S-Bahn-Haltestelle »Rohr«*.

Luginsland
Goldberg
322
Dietbach
Erikastr.
Barbarossastr.
Fellbacher Str.
Bertramstr.
Margareten-str.
Häldle-str.
Gögelbachstr.
Kappelbergstr.
Im Gehrenwald
Württembergstr.
Schlotterbeckstr.
Augsburger Str.
Wallmerstr.
Benzstr.
Stadtbad
K.-Benz-Pl.
Großglockner-str.
Mettinger Str.
Inselstr.
Mönchberg
Württemberg
UNTER-TÜRKHEIM
228
Wasenstr.
Uferstr.
Otto-Konz-Brücken
Hedelfinger
Kessel-
Am Mittelkai
Am Ostkai
Augsburger
Hafenbahnstr.
0
1 : 15 000
500m

Bei Engeln und guten Sternen

Von der Grabkapelle nach Untertürkheim

Seht ihr dort die Bergkapelle
Goldbekreuzt im Abendstrahl?
Friedlich glänzt sie, himmlischhelle
Niederwärts ins grüne Tal.

Sei gegrüßt, erlauchter Hügel,
Herzblatt meines Schwabenlands!
Lieblich in des Neckars Spiegel
Malt sich ab dein Rebenkranz.

(Karl Gerok)

Folgen wir dem Rat des »Stuttgarter Sängers« Karl Gerok und schauen wir uns das »Herzblatt des Schwabenlands« an, den Württemberg. Auf diesem Hügel steht die Grabkapelle, die König Wilhelm I. von Württemberg für seine Frau, die Zarentochter Katharina Pawlowna, bauen ließ, nachdem die alte Stammburg der Württemberger abgetragen wurde. Diesen majestätisch-erhabenen Ort wollen wir mit Gedichten und Sagen preisen. Ein herzzerreißender Roman wird aus dem Nähkästchen des württembergischen Hofes erzählen. Durch die Weinberge werfen wir dann einen Blick auf die Siedlung Luginsland und gelangen schließlich nach Untertürkheim. Dort beim Stammwerk der Weltfirma Daimler, dem guten Stern von Stuttgart, wird es dann bodenständig und klassenkämpferisch.

Bushaltestelle »Rotenberg«

Von der *Bushaltestelle »Rotenberg«* aus wollen wir uns zunächst einen Brunnen des Bildhauers Karl Donndorf an der *Ecke Württembergstraße/Rainstraße* anschauen, der eine Geschichte aus der Bibel zitiert.

Ecke Württembergstraße/Rainstraße

Dazu gehen wir die *Württembergstraße* ein kleines Stück abwärts. Rechter Hand sieht man besagten Sandsteinbrunnen mit zwei Buben, die eine Riesentraube tragen. Die Brunnenfiguren gehen zurück auf die Geschichte von Josua und Kaleb im Alten Testament: Aus der Wüste Paran schickte Mose zwölf

Das Motiv der zwei nackten Knaben mit der Riesentraube auf dem Josua-und-Kaleb-Brunnen an der Württembergstraße geht zurück auf eine alttestamentarische Geschichte im Buch Mose.

Kundschafter aus, die das Land erkunden sollten, darunter Josua und Kaleb. Beide brachten von ihrem Erkundungsgang nach vierzig Tagen eine Rebe mit einer Weintraube, die sie zu zweit auf einer Stange trugen. Sie berichteten von einem Land, in dem Milch und Honig fließen. Die anderen zehn Kundschafter entmutigten jedoch das Volk, indem sie behaupteten, das Land Kanaan sei uneinnehmbar. Josua und Kaleb zerrissen daraufhin ihre Kleider und ermahnten das Volk, auf Gott zu vertrauen. Doch niemand hörte auf sie, das Volk wollte die bei-

Hinfahrt	Buslinie 61, Haltestelle »Rotenberg«.
Rückfahrt	Bahnhof Untertürkheim, S-Bahn-Linie S1, Stadtbahnlinie U 4, U13.
Länge	3,5 Kilometer.
Dauer	2,5 Stunden.
Besichtigung Grabkapelle	März bis November dienstags bis samstags von 10 bis 12 Uhr und von 13 bis 17 Uhr. Sonntags und feiertags von 10 bis 12 Uhr und von 13 bis 18 Uhr.
Einkehrmöglichkeiten	**Weinstube »Alte Kelter«,** Großglocknerstraße 39, Telefon (07 11) 33 37 33. **Café »Wahnsinn«,** Großglocknerstraße 23, Telefon (07 11) 33 33 14. **Verschiedene Besenwirtschaften,** zeitweise geöffnet.

den sogar steinigen. Zur Strafe wurden die Israeliten von Gott dazu verurteilt, vierzig Jahre in der Wüste umherzuziehen, bis alle Zweifler umgekommen waren. Josua und Kaleb und ihre Nachkommen aber sollten auf Gottes Geheiß schließlich das Gelobte Land erreichen.

So streng geht heutzutage zum Glück kein Wanderführer mehr mit seinem »Wandervolk« um, wenn es störrisch ist. Nun, mit Rotenberg hat diese biblische Geschichte nicht viel zu tun, aber die zwei Buben, die diese riesige Traube tragen, findet man in abgewandelter Form bei vielen Weinfesten wieder, zum Beispiel drunten in Uhlbach. Da tragen dann die Winzer ein Gebinde aus Trauben und Blumen, »Kirbetrauben« genannt, durch den Ort als Sinnbild von Freude und Fruchtbarkeit. Natürlich bekleidet und nicht im Adamskostüm.

Bevor wir nun zur Grabkapelle pilgern, wollen wir den Weinort Uhlbach literarisch unter die Lupe nehmen. Dazu gehen wir zurück zur Bushaltestelle und finden links eine kleine *Aussichtsplattform* neben der Gastwirtschaft in der *Württembergstraße 317* mit einem schönen Blick hinunter nach Uhlbach. Als im September 1827 der aus Dessau stammende Dichter des Volksliedes »Das Wandern ist des Müllers Lust« mit dem treffenden Namen Wilhelm Müller (1794–1827) Württemberg bereiste, schrieb er in sein Reisetagebuch:

Aussichtsplattform

Schon vom Dorfe Rotheberg sieht man in den fruchtbaren, mit Reben und Obst bewachsenen Bergkessel hinab, in welchem das Dorf Uhlbach sehr freundlich aus grüner Umwaldung herausguckt. Dort wächst der beste Wein im Württembergischen, ein dunkelrother. Dahinter heben sich wie in Terassen die Berge des Neckarthals, das nach Esslingen führt, und die Alb. Von der Kapelle übersieht man einen großen Teil des ziemlich breiten und auch bebauten Neckarthals bis gegen Kanstadt, dann über die Uhlbacher und Neckarberge auf der anderen Seite einen langen Strich der Alb, in dem besonders die Bergfestung Neuffen hervorspringt. Auch das ebene Land gegen Heilbronn zu, worin Asperg als Erdwarze sich erhebt.

Der Dessauer Dichter Wilhelm Müller, bekannt durch die von Schubert vertonte Dichtung »Die Winterreise«, beschrieb in seinem Tagebuch den Blick vom Rotenberg mit der »Erdwarze« Hohenasperg.

Eine schöne Beschreibung von Wilhelm Müller: der Hohenasperg als Erdwarze. Wussten Sie übrigens schon, dass der Uhlbacher Wein der württembergisch-patriotische Treuetrunk schlechthin ist? Ein Symbol für den Bund zwischen dem guten Fürsten und seinem Volk?

Begeben wir uns einmal im Geiste von dieser lichten Höhe in eine dunkle Höhle, um wieder eine ergreifende Huldigung dieses Ortes zu hören, an dem wir uns gerade befinden. Es

Tief unten der Nebelhöhle trinken drei edle Recken den berühmten Uhlbacher: Herzog Ulrich von Württemberg, der treue Pfeifer von Hardt und der redliche Georg von Sturmfeder. So schrieb zumindest Wilhelm Hauff in seinem »Lichtenstein«.

ist nicht irgendeine Höhle, es ist die Nebelhöhle unweit von Schloss Lichtenstein bei Pfullingen auf der Schwäbischen Alb. Und nun lassen wir vor unserem geistigen Auge in dem fackelbeschienenen, modrigen Erdloch drei wackere Männer einen Bund mit Uhlbacher Wein besiegeln:

»Fülle den Becher, Hans, und lege Deine rauhe Hand in die unsrigen, wir wollen den Bund besiegeln!«

Hans ergriff den vollen Krug und füllte den Becher. »Trinkt, edle Herren, trinkt«, sagte er, »Ihr könnt Euch in keinem edleren Wein Bescheid tun, als in diesem Uhlbacher.«

Der Geächtete trank in langen Zügen den Becher aus, ließ ihn wieder füllen und reichte ihn Georg. »Wie ist mir doch?« sagte dieser. »Blühte nicht dieser Wein um Württembergs Stammschloß? Ich glaube, man nennt so den Wein, der auf jenen Höhen wächst?«

»Es ist so«, antwortete der Geächtete, »Rothenberg heißt der Berg, an dessen Fuß dieser Wein wächst, und auf seinem Gipfel steht das Schloß, das Württembergs Ahnen gebaut haben – O, ihr schönen Täler des Neckars, ihr herrlichen Berge voll Frucht und Wein! von euch, von euch auf immer!« Er rief es mit einer Stimme, die aus einem gebrochenen Herzen voll Schmerz und Kummer heraufstieg, denn die Wehmut hatte die Decke gesprengt, womit der feste, unbeugsame Sinn dieses Mannes seine kummervolle Seele verhüllt hatte.

Wilhelm Hauff (1802–1827) hatte mit dem Roman »Lichtenstein« als 26-Jähriger einen Sensationserfolg.

Und der edle Georg von Sturmfeder trinkt mit dem Geächteten und weiß nicht, dass Herzog Ulrich von Württemberg (1487–1550) leibhaftig vor ihm steht, das weiß nur Hans, der Pfeifer von Hardt. Herzog Ulrich hat sich hier versteckt, weil sein Land von den Österreichern besetzt ist. Diese Episode stammt aus dem Roman »Lichtenstein« von Wilhelm Hauff (1802–1827).

Nun sind wir innerlich gefestigt und furchtlos und treu, um den Weg zum »Herzblatt des Schwabenlandes«, also zur Grabkapelle, anzutreten. Wieder an der Gastwirtschaft »Rotenberger Weingärtle« vorbei, folgen wir dem Schild »Zur Grabkapelle«, sanft bergauf entlang der baumbestandenen *Württembergstraße*. Nach knapp 300 Metern kommen wir rechts durch ein Törle und, vorbei am Verwaltergebäude, auf dem gekiesten Weg hoch zur Kapelle. Am *Eingang der Grabkapelle* wollen wir uns zunächst fragen, warum gerade hier oben bis zur Abtragung im Jahr 1819 die Stammburg der Württemberger stand. Eine Gründungssage klärt auch gleichzeitig, woher denn der Name »Württemberg« kommt:

Eingang der Grabkapelle

Wundersam erzählt die Sage den Ursprung des hohen königlichen Hauses Württemberg. Wie der alte Barbarossa nahe dem Kyffhäuser seine Rothenburg hatte, deren Trümmer noch steht, so war auch im Lande Schwaben ein Rothenberg, und in dessen Nähe hielt der Kaiser Hofhalt mit seiner Prinzessin und seinen Wappnern. Da geschah es, daß die Prinzessin einen Dienstmann liebgewann und er sie entführte, und harreten verborgen, bis der Kaiser hinweggezogen war, dann baueten sie sich am Berge, wie jener Grafensohn im Lahngau, der mit einer nicht ebenbürtigen

Maid eine Mißheirat eingegangen war, und wirtschafteten am Bergesfuß, und der Kaiser konnte nimmer erfahren, wohin sein Kind gekommen. Da er nun nach Jahr und Tag wieder in selbe Gegend kam, kehrte er ein bei dem Wirt am Berge, und der Tochter bebte das Herz, doch hielt sie sich unerkannt, bereitete aber des Kaisers Lieblingsspeise, die er so lange entbehrt, und die niemand weiter gerade so zu bereiten verstand wie sie. Da war es dem Rotbart weh ums Herz, und gedachte mit neuem Schmerz der entschwundenen Tochter und meinte, sie müsse da sein, nur sie könne das Essen also bereitet haben, und rief aus: Ach, wo ist denn meine liebe Tochter? – Da sind ihm die Übeltäter aus Liebe flehend zu Füßen gefallen, daß er ihnen verzeihe, und ging es gerade wie bei Karl dem Großen und Eginhard und Emma, von denen ganz dieselbe Sage geht: der Kaiser war froh, daß er die Tochter am Leben fand, und verzieh. Schenkte dann seinem Schwiegersohn den ganzen Rothenberg, erhob ihn zu einem hohen Grafen, doch sollte er den Namen Wirt am Berg fortführen. Da erbaute der Wirt am Berg auf den Berggipfel hinauf eine stattliche Feste und ward der Urheber des württembergischen Stammes.

Ludwig Bechstein hat diese Sage 1853 in seinem »Deutschen Sagenbuch« veröffentlicht.

Nun wissen wir es endlich, der Wirt am Berg ist der Erbauer der Burg Württemberg. Das kommt einem nun eher spanisch als gut württembergisch vor. Nun, die genaue Herkunft des Namens Württemberg kennt man nicht. Eine Zeit lang neigte man zu der Auffassung, die Württemberger seien »Reig'schmeckte« aus Luxemburg. Denn dort entdeckte man auf alten Karten einen Berg namens »Wirdenberg«. Heute sind die Historiker eher der Meinung, dieses Wort »wirtins-« sei keltischen Ursprungs und stamme von der Bezeichnung für die keltisch-römische Gottheit Veraudunus ab. Danach habe dann nur noch ein hiesiger Adeliger namens Konrad – und eben kein Luxemburger – den Namen angenommen, den der Berg sowieso schon hatte, worauf er eine Burg auf ihm errichten ließ.

Kommen wir nun aber zur Grabkapelle, die 1824 fertiggestellt wurde. Beerdigt sind hier Königin Katharina, die von den Württembergern auch »Der Engel aus dem Norden« genannt wurde, König Wilhelm I. und ihre Tochter Marie.

Erinnern Sie sich noch an den Unfalltod von Lady Diana im Jahre 1997 und den darauf folgenden Medienrummel? Auch Katharina war die »Königin der Herzen« von Württemberg. Sie hatte zahlreiche soziale Projekte angestoßen und nach dem

Absender (bitte gut lesbar schreiben):

Name

Straße

PLZ Ort

E-Mail

Beruf Alter

Für Silberburg-Bücher interessiert sich auch:

Bitte als
Postkarte
frankieren

Deutsche Post
ANTWORT

Silberburg-Verlag GmbH
Schönbuchstraße 48
D-72074 Tübingen

Wir sind neugierig ...

... was Sie von dem Buch halten, dem Sie diese Karte entnommen haben.

Titel des Buchs

Wie wurden Sie auf das Buch aufmerksam?

Bitte schreiben Sie uns ganz offen Ihre Meinung. Sie ist wichtig für unsere weitere Verlagsarbeit.

Der Silberburg-Verlag hat sich auf Baden-Württemberg spezialisiert. Haben Sie Ideen oder Vorschläge zu Buchthemen?

... Sie auch?

Tragen Sie einfach umseitig Ihre Anschrift ein. Gerne senden wir Ihnen dann Informationen zu unseren Neuerscheinungen.

Im Silberburg-Verlag erscheint »**Schönes Schwaben**« – die farbige Monatszeitschrift zu Kultur, Geschichte, Landeskunde. Informativ und unterhaltsam, aktuell und zeitlos. Mit traumhaft schönen Fotos und interessanten Artikeln von kompetenten Autoren. Sollen wir Ihnen einmalig ein kostenloses Probeheft senden?

☐ Ja ☐ Nein

Wie man auf dem Bild plastisch und allegorisch sieht, war die ehemalige Burg auf dem Württemberg die »Wiege« des württembergischen Geschlechts. Oder gehörte sie doch dem »Wirt am Berg«?

Hungerjahr 1816 alles getan, um die Not in Württemberg zu lindern. Die Bestürzung über Katharinas Tod im Alter von nur 30 Jahren und nach nur drei Jahren Regentschaft war enorm. Ging es bei dem Tod der jungen Königin mit rechten Dingen zu? Die Gerüchte damals schossen ins Kraut, insbesondere König Wilhelm wurde die Mitschuld an Katharinas Tod gegeben.

Die Romanautorin Petra Durst-Benning weiß im Roman »Die Zuckerbäckerin« eine Antwort. König Wilhelm ist in der Tat mitschuldig! Seine Untreue und Gefühlskälte haben sie in den Tod getrieben. Die Geliebte heißt in diesem Fall nicht Camilla Parker-Bowles wie bei Prinz Charles und Lady Di, sondern es war eine bezaubernde und erfolgreiche Schauspielerin namens Melia Feuerwall. Mit ihr habe sich Wilhelm schon lange immer wieder heimlich im Gestüt Scharnhausen getroffen. Ebenfalls in den tragischen Tod verwickelt war eine gewisse Sonja, die böse, geltungssüchtige Tochter einer Taschendiebin. Sie und ihre Schwester Eleonore wurden einst von Katharina am Hofe angestellt. Während Eleonore sich als fleißige Zuckerbäckerin am Hof bewährte und das Vertrauen der Königin gewann, trieb sich Sonja mit zwielichtigen Schauspielern herum und versuchte vergeblich, auf der Bühne zu reüssieren. Voll Neid und Missgunst schaute sie auf Melia, die in den besten Häusern Stuttgarts gefeiert wurde und deren Ankleidezimmer nach den Aufführungen immer einem Blumenmeer glichen. Und sie rächte sich in heimtückischer Weise: Sie missbrauchte ihre arglose Schwester als Vertraute der Königin, ihr einen selbst geschriebenen Brief zuzuspielen:

Wer ist schuld an ihrem Tod? Die württembergische Königin Katharina, Großfürstin von Russland, verstarb mit knapp dreißig Jahren. Gemälde von Franz Seraph Stirnbrand.

»Hochverehrte Königin, wissen sie eigentlich, daß ihr verehrter gatte seit ewigkeiten eine liebschaft hat? Mit der hofschauspielerin Melia Feuerwall. Was muß er doch für ein unglücklicher mann sein, wenn er zu der alten hexe geht! Und was müssen sie für eine armselige Ehefrau sein, ha.ha. ha!«

Königin Katharina war entsetzt und völlig von Sinnen:

Konnte der Schreiber mit seinen Anschuldigungen recht haben? War sie so mit Blindheit geschlagen, daß ihr Wilhelms Liebschaft verborgen geblieben war? Hätte sie nicht irgend etwas fühlen müssen? Hatte sie nicht sogar etwas gefühlt? Immer wieder hatte sie das Gefühl gehabt, Wilhelms Herz gehöre ihr nicht allein.

Das böse Schicksal nahm seinen Lauf. Katharina spionierte in Wilhelms Schreibstube herum und fand im Kalender den entscheidenden Hinweis: »Elf Uhr, Scharnhausen, M.« M. steht offensichtlich für Melia! Im strömenden Regen machte sie sich dann in einer Kutsche auf nach Scharnhausen, ohne Mantel, mit regendurchnässten Stiefeln. Ihre schlimmsten Vermutungen bestätigten sich. Von diesem Schock seelisch angegriffen, erkältete sie sich, bekam hohes Fieber und starb nach wenigen Tagen.

So wie weiland Elton John den Tod von Lady Diana besang, pries der schwäbische Dichter Ludwig Uhland die württembergische Königin Katharina nach ihrem jähen Tod.

Wie war es aber in Wirklichkeit? Da streiten sich die Historiker bis auf den heutigen Tag. Wie auch immer, wie bei Lady Di gab es jedenfalls auch nach dem Tod von Königin Katharina zahlreiche Poeten, die Lobeshymnen auf sie dichteten. Anstatt Elton John mit »Candle in the wind« tat sich in diesem Fall zum Beispiel Ludwig Uhland mit »Katharina« hervor. Hier ein Auszug:

[...]
»Nimm hin, Verklärte, die du früh entschwunden!
Nicht Gold noch Kleinod ist dazu verwendet,
Auch nicht aus Blumen ist der Kranz gebunden,
In rauher Zeit hast du die Bahn vollendet:
Aus Feldesfrüchten hab ich ihn gewunden,
Wie du in Hungertagen sie gespendet;
Ja! gleich der Ceres Kranze flocht ich diesen,
Volksmutter, Nährerin, sei mir gepriesen!«
[...]

Wenn Sie mögen, können Sie nun die Grabkapelle zu den angegebenen Öffnungszeiten besichtigen. Wir machen uns wieder auf den Weg und gehen den Zufahrtsweg zunächst bis zum

Tor zurück. Nach rechts führt uns dann ein geteerter Weg in die Weinberge. Am nächsten Abzweig geht es schräg links den Weg mit dem Richtungsschild »Obertürkheim« entlang, nach weiteren etwa hundert Metern dann aber wiederum scharf nach rechts. Nun haben wir die Grabkapelle geradewegs vor uns. Langsam geht es durch die Weinberge abwärts, bis wir schließlich zu einer *baumbestandenen Hütte mit Sitzbänken* kommen. Genau unterhalb der Hütte führt ein gepflasterter Weg zwischen einem Gütle links und Weinstöcken rechts auf ein Gartentor zu. Wir sehen hinter dem Gartentor im Norden auf die Ausläufer Untertürkheims. Etwas unter dem Horizont mit dem Hochhaus in Fellbach sehen wir auch die eng zusammengedrängte Siedlung Luginsland, eine Gartenstadtsiedlung, die Anfang des 20. Jahrhunderts als Genossenschaftssiedlung entstand. Arbeiter der Firma Daimler und Bosch konnten hier günstig ein großes Baugrundstück erwerben. Zu jedem Haus gab es einen Garten, in dem die Bewohner für ihren Eigenbedarf Gemüse anbauen konnten und Hühner und Hasen hielten.

Baumbestandene Hütte mit Sitzbänken

In Luginsland entspann sich in den 1950er-Jahren folgende Geschichte: Gretel Staudacher lernte Willi Haug kennen, der mit seinen Eltern in dieser Siedlung wohnte. Gretel stammte aus Rothenburg im Fränkischen und hatte sich als Sechzehnjährige allein nach Stuttgart aufgemacht, um der Armut ihrer Familie zu entfliehen. Sie arbeitet als Zimmermädchen in einem großen Stuttgarter Hotel, dort war ihr der sympathische Aufzugstechniker Willi aufgefallen:

Seltsam: Luginsland. Das hieß ja genauso wie die Bergkuppe auf der Frankenhöhe bei Rothenburg, von der aus man einen wunderschönen Blick auf die Stadt und das Umland hat, das war Gretel gleich bei der Erwähnung dieses Ortsnamens eingefallen. Wenn das also kein gutes Zeichen war … […] So klein das Eckhaus von Willis Eltern vom heutigen Blickwinkel aus betrachtet auch sein mag, im Vergleich zum winzigen Staudacherhäuschen in Rothenburg erschien es Gretel riesig. Und wenn man dann noch die Tatsache heranzog, dass sich die Staudachers ihr bisschen Wohn- und Schlafraum mit mindestens zehn Familienmitgliedern teilen mussten, während Willi als einziges Kind mit seinen Eltern im Ober- und im Dachgeschoss wohnte, unten war noch an eine dreiköpfige Familie vermietet, dann herrschten hier in Luginsland geradezu großzügige Verhältnisse, von denen Gretel als kleines Mädchen noch nicht einmal zu träumen gewagt hätte. Dazu kam noch die herrliche Aussichtslage – im Osten konnte man bis hinüber zur romantischen Grabkapelle der württembergischen Könige auf dem Rotenberg sehen und in Richtung Süden ging der Blick über den ganzen Stuttgarter Kessel bis hoch zu den Fildern. Wenn das ihre Mutter vielleicht mal zu Gesicht bekäme, die doch immerzu von einem eigenen kleinen Haus mit Garten träumte! Ein Wunsch, von dem sie wusste, das er wohl niemals in Erfüllung gehen würde.

Das Glück meint es gut mit Gretel. Sie verdient in Stuttgart viel mehr, als sie in Rothenburg als Dienstmagd je hätte verdienen können. Willi und Gretel heiraten und 1955 kommt Sohn Gunter zur Welt. Und über fünfzig Jahre später veröffentlicht der Sohn Gunter Haug die Geschichte von Gretel in dem Tatsachenroman »So war die Zeit«.

Die Geschichte von Willi und Gretel aus Luginsland hat ein Happy End. Die Geschichte von Frieder aus Luginsland, die 1945 spielt, nicht:

Gegen Mitternacht stand ich wieder vor unserem Häuschen. [...] Ich hätte in dem Schulgebäude bleiben können, das ein provisorisches Organisations- und Reisebüro mit Küche und Unterkunft beherbergte. Aber dort konnte man nicht allein sein. Hier war Schweigen. Und es roch nicht nach kaltem Brand und süßlicher Verwesung.

Niemand erwartete mich, knipste die Flurlampe an, öffnete die Tür. Nie mehr.

Der Schlüssel steckte noch in der Haustür. Mach Licht! Lüfte! Die Luft ist ein Jahr alt.

Auf dem Tisch ein Zettel: »Essen steht im Keller.« Eine altmodische Frauenschrift. Willis Mutter? Die alte Wanduhr stand still. An ihrem Zifferblatt hatten wir gelernt, die Zeit zu lesen. Ich ging von Stube zu Stube. Berührte nur die Türklinken.

Der Radioapparat fehlte. Frag nicht. Du weißt doch, was mitgenommen wird. Als sie geholt wurden, schaute nur Mutter noch einmal zurück. Die Teller hätten noch auf dem Tisch gestanden, hatte die Wirtin erzählt. Auf dem Ofen ein Topf. Eingetrockneter Kakao.

So beschreibt Frieder Schlotterbeck (1909–1979) seine Rückkehr nach dem Zweiten Weltkrieg ins Elternhaus in der Annastraße 6 in Stuttgart-Luginsland in dem Buch »Je dunkler die Nacht, desto heller leuchten die Sterne. Erinnerungen eines deutschen Arbeiters 1933–1945«. Schlotterbeck gehörte zu einer kommunistischen Widerstandsgruppe, an der auch seine Familie beteiligt war. Als Einziger der Familie hat er den Naziterror überlebt, indem er 1944 in die Schweiz floh, nachdem

Als Einziger der Familie überlebte Friedrich Schlotterbeck aus Stuttgart-Luginsland den Naziterror. Seine Erinnerungen an diese Zeit veröffentlichte er in dem Buch »Je dunkler die Nacht, desto heller leuchten die Sterne …«.

er vorher schon sechs Jahre im KZ gesessen hatte. Seine Eltern, seine Schwester, seine Braut Else Himmelheber und weitere Freunde wurden im November 1944 im KZ Dachau ermordet, sein Bruder Hermann im April 1945, zwei Tage vor dem Einmarsch der Franzosen, erschossen. 1948 übersiedelte er in die sowjetische Besatzungszone und spätere DDR. Die Schriftstellerin Christa Wolf, eine gute Freundin Frieder Schlotterbecks, hielt bei seinem Tod die Grabrede. Als sie 1983 den Schiller-Gedächtnispreis in Stuttgart verliehen bekam, sprach sie von den drei »Friedrichen«, die ihr Bild von den Schwaben geprägt haben: Schlotterbeck, Schiller und Hölderlin. In der Annastraße 8 in Untertürkheim-Luginsland ist eine Gedenktafel für »Widerstandsgruppe Schlotterbeck« angebracht. Und auch auf dem Untertürkheimer Friedhof in der Gehrenwaldstraße wird an die Widerstandsgruppe erinnert. In der Nähe des Eingangs an der Württembergstraße findet sich eine Gedenkstätte mit kleinen Tafeln aller Ermordeter.

Brücke über die Rotenberger Steige

Wir gehen auf dem geteerten Weg zurück. An der Hütte wenden wir uns nach rechts und gehen die gepflasterte *Rotenberger Steige* nach Untertürkheim hinunter. Nach einigen hundert Metern erreichen wir beim ersten Haus eine *Brücke über*

Unterwegs kreuzen wir einen Stuttgarter Weinwanderweg, der gut an dem markanten Logo zu erkennen ist. Allerdings nur, wenn man nüchtern ist, sonst verschwimmt alles …

die Rotenberger Steige. Wir gehen rechts den Weg zur Brücke hinauf. Hier kreuzen wir den Stuttgarter Weinwanderweg »Obertürkheim – Uhlbach – Rotenberg – Untertürkheim«, erkennbar an dem Logo »Strichmännle mit stilisiertem Glas und Traube«. Dieser gut ausgeschilderte Weg führt an vielen Weingütern und Genossenschaften vorbei.

Haben Sie schon einmal an einer organisierten Weinwanderung teilgenommen? Vielleicht waren Sie danach in einer ähnlichen Stimmung wie die lustige Gesellschaft, die der Esslinger Journalist und Buchautor Olaf Nägele in seinem Buch »Maultaschi Goreng« beschreibt. Es fängt ganz harmlos an:

Eines Tages kamen Freunde meiner Lebensgefährtin aus Hamburg zu Besuch, die unbedingt darauf beharrten, etwas Urig-Schwäbisches zu erleben. Während ich mir noch den Kopf zerbrach und mir Routen auf der Schwäbischen Alb zurechtlegte, kam mir mein Herzblatt zuvor.

Sein Herzblatt, seine Freundin, schlägt natürlich eine organisierte Weinwanderung vor. Aber nicht nur die Hamburger sind dabei, sondern auch die bayrischen Nachbarn und zwei amerikanische Freunde, Kurt und Silvie. Das Unglück nimmt seinen Lauf.

Es gab kein Entkommen und so trafen wir uns am festgesetzten Tag bei angenehmen Temperaturen, wenn auch unter bewölktem Himmel. Am Ausgangspunkt der Weinwanderung, einer kleinen Kelterei, nahmen wir den Plan des Rundwegs in Empfang und erhielten eine kurze Unterweisung.

»An jedr Statio kriagat Se en Schtembl, wenn Se en Wein trinkat. Wenn Se vier Schdembl hen, kriaget Se em Ziel a Iberraschong.«

Wir übersetzten kurz ins Englische, dann ins Deutsche und zogen los. Vor allem die Erwähnung der Überraschung setzte ungeahnte Energien bei unseren Wanderfreunden frei und so raste die Gruppe den Berg hinauf, als ginge es darum, den ersten Stand noch vor einer potenziellen Konkurrenz zu erreichen. Nach fünf Minuten strammen Marsches kamen wir oben an. […]

»Also hier an dem Stand gibt es den Schwingheimer Klöppler oder den Hinterheimer Butterbeißer.« Ich sah in ratlose Gesichter. […]

»Jo, dann nimm i an Klöppler«, beschloss Robert und alle stimmten zu. Der Einfachheit halber bestellten wir eine ganze Flasche für alle. Ein Fehler, wie sich nach dem ersten Schluck herausstellte.

»Alles klar«, sagte ich zu dem jungen Mann hinter dem Tresen, als ich meine Mundmuskulatur wieder bewegen konnte. »Sagen Sie uns Bescheid, wenn die Salate fertig sind. Den Essig haben wir schon. Oder sollen wir anfangen, die Toiletten damit zu reinigen?«

Seinen wütenden Protest hörte ich nur noch von fern, denn meine Lebensgefährtin hatte mich bereits aus der Ohrfeigen-Gefahrenzone bugsiert. […]

Dann geht es noch weiter mit einem Waldentaler Glockenschmalzer und einem Roten, dem Niderstättner Unkenblut. Schließlich ist die Party voll im Gange:

Als ich am vierten Stand wieder zu meiner Gruppe stieß, war die Party schon voll im Gange. Die Hamburger hatten sich zu einem Akkordeonspieler gesellt und sangen die Shanties mit, die er zum Besten gab. Sylvie und Kurt führten eine Polonaise durch die Weinstöcke an und Robert besiegte den Bären von Stand drei im Fingerhakeln. Meine Herzallerliebste lehnte süffisant lächelnd am Tresen und beobachtete das Treiben mit verschwommenem Blick. Es dauerte einen Moment, bis sie mich erkannte, dann jedoch erhellte sich ihre Miene und sie hauchte mir »Tolle Weiwannerung, was?« zu.

Na, ist doch schön, oder? Man könnte es ja auch noch lustiger gestalten, nicht nur mit »Schdembl« und »Iberraschong«, sondern als Schnitzeljagd mit Knobelaufgaben, um den nächsten Stand zu finden. Diejenigen, die es nicht schaffen, müssen dann zur Strafe mit einem Güllebutten auf dem Rücken vierzig

Noch hat der Autor Olaf Nägele gut lachen, doch es gibt kein Entkommen: Die Weinwanderung mit Freunden in »Maultaschi Goreng« artet zum Besäufnis aus …

Mal den Weinberg rauf- und runterlaufen, in Anlehnung an die Bestrafung der Kundschafter im Buch Mose.

Zwanzig Meter nach der Sitzbank mit einem Walnussbaum

Wir spazieren, nun aber ohne Schdembl und Weiglas, weiter entlang unseres Weges, der uns aber bald tatsächlich zu einem Weinproduzenten führt. Wir folgen dem Weg über die Brücke. Nach kurzer Zeit biegen wir, nach den Häusern rechter Hand, in den Weg halbrechts hinunter. Es folgt ein Abzweig. *Zwanzig Meter nach der Sitzbank mit einem Walnussbaum* öffnet sich die Aussicht nach rechts, aber nicht zu einem Weinproduzenten, sondern einem Autoproduzenten.

Was wäre eine literarische Führung durch Untertürkheim ohne eine Lobpreisung des »guten Sterns von Stuttgart«, die Firma Daimler? Denn schließlich befindet sich hier das 1904 gegründete Stammwerk der Weltfirma und der gute Stern leuchtet somit schon über hundert Jahre über Untertürkheim und Stuttgart. Widmen wir dieser Weltfirma eine etwas abgeänderte, aber ebenfalls weltweit bekannte Geschichte:

Auch eine Weihnachtsgeschichte

Es geschah drei Tage vor der heiligen Nacht.

In der Dämmerung schaute ich, eine Zigarette rauchend, aus dem Fenster. Der Park lag still und friedlich im spärlichen Licht. Die Lampen, die brannten, ließen den Park etwas durchsichtiger erscheinen.

Da geschah es.

Durch die schon fast entlaubten Kronen der alten Bäume sah ich ihn, groß und strahlend, umgeben vom bläulichen Schein stand er am Himmel. Ich sah ihn, den Stern, der schon lange, lange Zeit die Menschheit in eine merkwürdige Innerlichkeit trieb. Der Stern war wirklich so nahe vor mir. Magische Kräfte schien dieser Stern auszusenden, denn plötzlich stand ich auf der Straße. Ich musste ihm folgen, ich musste dorthin, wo der Stern stand. Durch die Gassen, durch die Tore, immer dem Leuchten nach.

Eine breite Straße – ich erreichte sie völlig aufgelöst –, mein Herz schlug bis zum Halse hoch, führte mich in Richtung des leuchtenden Sterns. Dort am Ende der Straße stand im hellen Lichte glänzend ein großmächtiger Tempel – ein Palast. Aber nicht genug, der Blick wurde unweigerlich von einer noch stärker wirkenden Symbolik magisch angezogen. Über diesem mächtigen Glaspalast stand er in all seiner Bedeutung und Herrlichkeit der über alles hinausragende strahlende Stern. Dieser Anblick hatte mich in den Bann gezogen.

Langsam, ganz langsam nahm ich meine Umgebung wieder wahr. Jetzt erst merkte ich, dass ich hier nicht alleine war, sondern viele Menschen mit mir dem Stern gefolgt waren. Ein langer Zug von Menschen strebte auf einen großen Eingang zu, der ins Innere des von mir erkannten heiligen Tempels führte. Sollte sich da drinnen das Wunder vollziehen? Soll dort die Krippe sein? Dort des Menschen größten Traum erfüllen? Sichtbar und ohne Zweifel?

Wahrhaftig – im Zentrum des Tempels hatte sich ein großes Rund aus Menschen gebildet. Sie waren alle gekommen, die heiligen drei Könige, die Hauptaktionäre aus dem Morgenland, die vielen Klein- und Kleinstaktionäre, die

»Es geschah drei Tage vor der heiligen Nacht ...« In der Geschichte von Roland Walz strömen alle magisch zum guten Stern von Stuttgart: Klein- und Kleinstaktionäre, die Hirten und Arbeiter, Frauen und Männer und vielerlei Ochs und Esel.

Hirten und Arbeiter, Frauen und Männer und vielerlei Ochs und Esel. Alle waren da, um das Wunder zu schauen. Ihr Leuchten in den Augen, der verklärte Blick war auf das Einzigartige gerichtet, das so herbeigesehnte.

Dort in der Sammetkrippe stand – lag – thronte er, chromblitzend, lackflimmernd, überirdisch – schön geformt,

der neugeborene Jahreswagen.

Das Entzücken ist nicht zu beschreiben. Die Menschen waren überglücklich. Die Botschaft dieser Nacht hatte sie trotz aller Unterschiede vereint.

Der Untertürkheimer Roland Walz hatte die Eingebung zu dieser Geschichte, ohne jemals bei Daimler geschafft zu haben.

Wir gehen den Weg weiter, bis er schließlich in einem leichten Bogen nach links wieder aufwärts führt. Wir gehen dann eine Treppe rechts hinunter und erreichen die *Strümpfelbacher Straße* und den *Kelterplatz*. Achtung! Es ist die zweite Treppe, die von diesem Weg abzweigt, die erste Treppe rechts beim Beginn des Weinberges nehmen wir nicht! Unten auf der Strümpfelbacher Straße erfreut uns gleich das erste Haus rechts, *Strümpfelbacher Straße 40*, mit einem kleinen Weingedicht:

Kelterplatz

Es grüne die Rebe,
es wachse der Wein,
Gott segne den Weinbau
Und lass ihn gedeihn.

Und ein kleines Stück aufwärts, in der *Strümpfelbacher Straße 47*, gedeiht der Weinbau prächtig in den imposanten Keltergebäuden der Weinmanufaktur Untertürkheim. Denn nicht nur die Autos aus Untertürkheim sind bekannt, auch der Wein aus Untertürkheim ist Spitzenklasse. Schon im 12. Jahrhundert, so ist es überliefert, sprach Mönch Berthold von Zwiefalten, der hier die Weinberge seines Klosters verwaltete: »In Bezug auf Wein ist die Gegend um Türkheim die beste Mark des Landes.« Wird der Wein Untertürkheims nicht auch in der Literatur gepriesen? Wird er, sogar in Ägypten, wenn auch nicht von den Pharaonen. Im Roman »Der Kampf um die Cheopspyramide« von Max Eyth (1836–1906) erzählt ein Elsässer Monteur namens Fritzschy von seinen Erlebnissen als wandernder Monteurgeselle in Stuttgart. Da ruft der württembergische Ingenieur, der identisch ist mit dem in Kirchheim geborenen Max Eyth:

»Machen Sie weiter, Fritschy!« sagte ich aufmunternd. »Es tut gut, in diesem gelben Wüstenstaub etwas von der grünen Heimat zu hören. Wenn wir so ein altes kühles Weingärtnerhaus hier hätten! Und statt des sauren gefälschten Medocs einen Untertürkheimer vom Faß! Haben Sie auch schon bemerkt, daß das Heimweh zumeist im Magen liegt?« Doch mein bescheidener Freund ließ sich auf derartige Sentimentalitäten nicht ein.

Max Eyth beschreibt in seinem Roman »Der Kampf um die Cheopspyramide« die Weinpräferenzen eines Schwaben: statt des sauren gefälschten Medocs bitte einen Untertürkheimer vom Fass!

Na, das ist ein Lob! Max Eyth, der in Kirchheim unter Teck geboren wurde, sollte natürlich Theologie studieren. Sein Vater war Leiter des theologischen Seminars in Schöntal an der Jagst, das Max Eyth auch besuchte. Aber der Junge war so begeistert von Technik und mechanischen Gerätschaften, dass er der Theologie Lebewohl sagte. Das machten ja viele vor ihm auch schon. Max Eyth wurde kein Philosoph wie Hegel, er wurde nicht verrückt wie Hölderlin, nein, viel schlimmer: Er wurde Ingenieur! Die galten damals als bessere Herumbossler und nicht als Akademiker.

Lassen wir hier an dieser weinseligen Stelle etwas Untertürkheimer Liedgut in unseren Spaziergang einfließen und singen nicht von griechischem Wein wie weiland Udo Jürgens, sondern vom Untertürkheimer Wein:

Untertürkheimer Wein

Untertürkheimer Wein,
Sollst gepriesen sein.
Das Neckartal soll leben,
Schön Mägdelein schenk uns ein.

Wir wollen heute singen,
la tra la tra la tra la.
Es gilt ein Lob zu bringen
Dem edlen Neckarwein, tra la.

Er ist der Sorgenbrecher
auf unsrer Lebensbahn.
Hebet eure Becher,
stimmt freudig mit uns an.

Wir weihen dir ein Liedchen,
Untertürkheimer Wein.
Stoß mit mir an, mein Liebchen,
Komm ich lade dich ein.

»Dohoggeddiadia-emmerdohogged«: Bemalung der Trafostation am Untertürkheimer Kelterplatz.

Trink von dem Saft der Reben,
Denn er hält dich jung.
Laß uns beim Tanze schweben,
Sing mit mir im Schwung.

Untertürkheimer Wein,
sollst gepriesen sein.
Stoßt an, stoßt an, stoßt an,
Stoßt an, es leb der Wein.

Bei steigendem Promillegehalt sinkt das Niveau ins Bodenlose, deswegen hier noch ein weinloser Untertürkheimer Limerick:

Es sprachen die Eltern in Untertürkheim
zur Tochter: »Bring bloß keinen Türk' heim!«
Da nahm sie 'nen Scheich,
und nun ist sie reich
und schleust heimlich in den Harem 'nen Türk ein.

Da wurde sicher die Haremswache mit Untertürkheimer Wein kampfunfähig gemacht.

Kommen wir nun von der Kunst des Weinbaus zur sakralen Kunst und schauen wir uns auf einen Sprung den Innenraum der Untertürkheimer Stadtkirche St. Germanus an. Es geht vorbei an der *Gaststätte »Alte Kelter«* am anderen Ende des Kelterplatzes, dann links in die *Großglocknerstraße*, sogleich rechts in die *Widdersteinstraße*, dann in die Fußgängerzone links hinein und schließlich wieder links in die *Trettachstraße*. Wenn wir vor dem wuchtigen Kirchturm in der *Trettachstraße 3* stehen, sind wir richtig gegangen. Nun noch rechts herum zum Haupteingang, der täglich geöffnet ist. Dort findet sich eine imposante Altarwand:

Trettachstraße 3

Die Altarwand

Der Altar, er schien gar verloren
vor der großen weißen Wand.
Was fehlte war bald auserkoren:
eine künstlerische Bilderwand.

Und man bat nach langem Drängen
die Pfarrersleut' um gute Wort':
Doch einen Künstler zu benennen,
der Schönheit schafft am heil'gen Ort.

Durch Zufall wurd' die Pfarrersfrau
mit einem Manne bald bekannt,
sein Atelier und Künstlerwerkstatt
dort oben auf der Achalm stand.

Er schnitt auf sechsunddreißig Bildern
Josefs Legende in das Holz.
Die Altarwand von Untertürkheim
ist heute unser ganzer Stolz.

Diese Wand hat die in Untertürkheim ansässige Journalistin und Autorin Regine Haug bedichtet, und nun darf erst einmal gerätselt werden, wer der Achalmer »Bilderschneider« ist? Richtig, es ist HAP Grieshaber (1909–1981). Bei einigen Flaschen Wein sollen sich der Kirchengemeinderat und der große Holzschneider von der Reutlinger Achalm auf ein monumentales Werk verständigt haben. Die alttestamentliche Josephsgeschichte, in 36 Linolplatten geschnitten und auf Japanpapier gedruckt, sollte die neu einzuziehende Chorwand schmücken. Grieshaber bezeichnete das Opus als »der Welt größter Paravent«.

Die imposante Altarwand HAP Grieshabers in der Untertürkheimer Stadtkirche St. Germanus wird von der Untertürkheimerin Regine Haug bedichtet.

Weiter geht es auf unserer Tour nun in einen Teil Untertürkheims, der zwischen Neckarkanal und Bahnlinie eingequetscht ist, aber trotzdem einen Besuch lohnt. Dazu gehen wir vom Haupteingang der Kirche über die Treppenstufen zur *Augsburger Straße* hinunter. Links entlang gelangt man wieder zur *Großglocknerstraße.* Diese gehen wir nach rechts und dann über den Verkehrskreisel und unter der Bahnlinie hindurch. Nach der Unterführung überqueren wir an der Fußgängerampel die Großglocknerstraße und ebenfalls die laute, große Straße mit dem lauschigen Namen *Bruckwiesenweg.* So erreichen wir die *Lindenschulstraß*e, eine schöne mit Linden bestandene Allee. Unter der Adresse *Lindenschulstraße 29* erwartet uns die Untertürkheimer Sängerhalle.

Lindenschulstraße 29

1905 als Vereinsheim für den Untertürkheimer Liederkranz eingeweiht, wurde hier durch die Jahrzehnte unweit des Daimler-Stammwerkes nicht nur kräftig gesungen, auch Parteiveranstaltungen fanden hier statt und Streiks wurden organisiert. Die Sängerhalle ist das traditionelle Streikzentrale der IG Metall. Des Öfteren hatte ein in Luginsland lebender Gewerkschaftler hier seine besonderen Auftritte: der legendäre Arbeiterführer und langjährige IG-Metall-Bezirksleiter in der Nachkriegszeit, Willi Bleicher (1907–1981).

Doch Willi Bleicher ist nicht nur legendärer Gewerkschafter, sondern ebenfalls Hauptperson eines Romans. Im Jahre 1958 erschien in der DDR »Nackt unter Wölfen« von Bruno Apitz, ein Bestseller mit über zwei Millionen verkauften Exemplaren, in dreißig Sprachen übersetzt und eines der bekanntesten Bücher der DDR-Literatur. Der Roman handelt von einer Gruppe konspirativer Häftlinge im KZ Buchenwald. Einer von ihnen ist André Höfel, der Leiter der Effektenkammer, sein Stellvertreter heißt Pippig. In der Effektenkammer wurden die persönlichen Kleidungsstücke und Gegenstände der Häftlinge aufbewahrt. Eines Tages kommt ein jüdischer Häftling ins Lager, der einen Koffer mitschleppt:

»Wer bist du?« fragte Höfel. »Name, Name.«
Das schien der Pole zu verstehen.
»Jankowski, Zacharias, Warschawa.«
»Ist das dein Koffer?«
»Tak, tak.«
»Was hast du da drin?«
Jankowski redete, gestikulierte und hielt die Hände schützend über den Koffer.

[…]

Der spätere Gewerkschaftsführer Willi Bleicher (rechts, sitzend) wurde im Roman »Nackt unter Wölfen« zum Romanhelden. Hier lernt er bei Lenin »Kämpfen und Siegen«.

Pippig kauerte sich neugierig nieder und öffnete den Koffer.

Sofort aber schlug er den Deckel zu und blickte bestürzt zu Höfel auf.

»Was ist?«

Pippig öffnete den Koffer wieder, aber nur so weit, daß Höfel, der sich gebückt hatte, eben noch hineinsehen konnte.

»Mensch, mach zu!«, zischte der, schnellte aus der gebückten Haltung hoch und sah sich ängstlich nach dem Scharführer um. Der war im Bad.

»Wenn die das spitzkriegen …«, flüsterte Pippig.

Höfel machte ungeduldige Handbewegungen.

»Weg damit! Verstecken! Schnell!«

Im Koffer befindet sich der dreijährige Sohn des polnischen Juden. Höfel sorgt dafür, dass das Kind nicht entdeckt wird. Als arbeitsunfähiger Lagerinsasse würde es umgebracht. Höfel und die anderen füttern es durch und sorgen dafür, dass es überlebt. Die reale Vorlage für Höfel ist Willi Bleicher, der sieben Jahre im KZ Buchenwald inhaftiert war und dort den dreijährigen Juden Stefan Jerzy Zweig versteckte. Also ein Untertürkheimer Gewerkschaftsführer als Romanheld und, viel wichtiger, geehrt für seine Zivilcourage und sein antifaschistisches Wirken von der israelischen Gedenkstätte Yad Vashem als »Gerechter unter den Völkern«.

Weiter gehen wir entlang der Lindenschulstraße und kommen zum Neckarufer. Dort finden wir die *Anlegestelle der Ausflugsschiffe des »Neckar Käpt'n«*. Ist es nicht romantisch hier? Nun ja, die Neckar-Romantik hat hier ziemlich gelitten, dazu begibt man sich lieber nach Esslingen oder Tübingen oder gleich nach Heidelberg. Machen wir aber trotzdem »malerisch« weiter, auch wenn die Realität uns Lügen straft, mit einem Roman aus den 1870er-Jahren:

Anlegestelle der Ausflugsschiffe des »Neckar Käpt'n«

Blau, sonnig glitzernd fließt der Neckar in unsere Geschichte herein. Da ist er in der Begleitung seiner grünen Berge und sanft geschwungenen Hügel – Burgtrümmer, feine moderne Schlößchen, alte, schöne Kirchen, behagliche Wirtshäuser und liebliche Dörfer in Hülle und Fülle widerspiegelnd! Da kommt er, weinrebenbekränzt, und in jeglichem blitzenden Wellchen holdselig und anlächelnd, und hat keine Ahnung davon, welch ein wonniges Behagen er uns mitbringt, […]

So steht es im Roman »Christoph Pechlin« des großen deutschen Erzählers Wilhelm Raabe (1831–1910). Raabe stammt aus Eschershausen zwischen Braunschweig und Kassel. Er lebte von 1862 an acht Jahre in Stuttgart und viele seiner Romane spielen hier.

Hier spaziert nun ein gewisser Christoph Pechlin, wohnhaft in Obertürkheim, am Neckar entlang, allerdings nicht allein. Pechlin, verkrachter Theologiestudent, Gelegenheitsjournalist, Möchtegernpoet und eiserner Junggeselle wird umgarnt von einer Engländerin namens Miss Christabel Eddish. Der Herbst ist da, und bald reift der neue Wein, und nicht nur der Neckar, sondern auch der Wein wird von Wilhelm Raabe hoch gelobt. Außerdem hocken auch noch griechische Göttergestalten und sonstiges mythologisches Volk im Ufergebüsch herum:

In dem Werk »Christoph Pechlin« des großen Erzählers Wilhelm Raabe (1831–1910) tummeln sich diverse griechische Götter am Untertürkheimer Neckarufer.

Da haben wir ihn wieder, unseren Freund Pechle; aber der Neue ist nicht schuld an dem, was ihm in den Gliedern liegt; was ihm zu Kopfe gestiegen ist, und nicht bloß zu Kopfe, sondern auch zu Herzen. Es war eben ein heißer Sommer, und der »Alte« war auch noch nicht ausgegangen im Lande: wer in Himmelsbläue, Sonnenglut und Weinduft schwelgen wollte, der brauchte wahrlich nicht auf den Neuen zu warten, und Pechle hat nicht gewartet, und jemand hat mit ihm genippt und nach dem Nippen einen merkwürdig herzhaften und entschlossenen Zug getan. Die Nixen haben ihre schilfbekränzten Häupter aus dem Neckar erhoben und gelacht; Bacchus hat auf den Bergen die Hand über die Augen gehalten und genau hingesehen, denn er hat seinen Augen keineswegs sofort getraut. Aber Amor, der Lose, – ach, reden wir nicht von ihm, sondern erzählen wir einfach und nüchtern, soweit das möglich ist, dieweil er aus den Weiden am Neckar hervorkichert, weiter.

Amor geht seinem üblichen Geschäft nach, nämlich Pfeile durch die Gegend zu schießen. Das Ergebnis lässt nicht lange auf sich warten:

Es läßt sich gut lustwandeln auf den grünen Wiesen, unter den Erlen und Weiden am linken Ufer des Flusses zwischen Obertürkheim und Untertürkheim; und der Doktor Pechlin – Christoph Pechle, der in Obertürkheim wohnt, pflegt auf dem angenehmen Wege täglich zu ganz bestimmter Stunde einer Dame zu begegnen, die in Untertürkheim ihren Wohnsitz genommen hat. Und die Dame pflegt seinen Arm zu nehmen, den er ihr ein wenig unbeholfen bietet, aber doch bietet; und sie nimmt ihn lächelnd, freundlich lächelnd und portugiesertraubenhaft errötend. Und dann wandeln sie mitsammen unter den Weiden durch das grüne Gras; und den Erlen, den Geisterbäumen, rinnt ein sonderbarer, unbedingt magischer Schauer durch die Borke und kitzelt sie bis ins tiefste Mark. Am Ufer des Neckar flüstert es sich gut in der warmen Abenddämmerung. Für unausgesprochene Dinge gewinnt der Blödeste, der Befangenste Worte. Und wenn nun gar der Mond über den Bergen emporsteigt und sich im Flusse spiegelt und im Auge der Geliebten, und wenn dieses Auge so zu blicken versteht, wie das der Miß Christabel, dann – ja dann fängt der Befangenste an, sich so unbefangen zu geben, daß es eine Freude – eine wahre Freude ist.

Die bezaubernde Miss Christabel angelt sich schließlich den eisernen Junggesellen Pechlin, aber schließlich dräut doch noch großes Ungemach: Miss Christabels ruchloses Vorleben wird aufgedeckt, sie hat einen sechsjährigen Sohn namens Christopher Sliddereddish. Miss Christabel flieht ohne Kind Hals über Kopf, Pechlin brütet drei Monate vor sich hin und entschließt sich, künftig für den Knaben Christopher zu sorgen. Letztlich ist dem armen Pechlin der so romantische Neckar gar nicht so gut bekommen. Wäre er doch besser Junggeselle geblieben! Also Vorsicht, liebe Leserin und lieber Leser, am Neckar entlangzuspazieren kann unangenehme Folgen haben, wenn Nixen, Amor und Bacchus sich im Ufergebüsch

Der in Untertürkheim lebende Schriftsteller und Sozialdemokrat Albert Dulk, auch »Indiana Jones des 19. Jahrhunderts« genannt ob seiner abenteuerlichen Reisen und Höchstleistungen.

postiert haben. Wobei sie ja heute zwischen den Lastkränen des Neckarhafens und den Motorhallen des Daimler-Werks eher etwas deplatziert wären.

Bleiben wir doch noch etwas an des Neckars Gestaden und erzählen weiter, erneut von einer Gestalt des 19. Jahrhunderts. Eben war es Herbst, nun ist es tiefster Winter, sagen wir in den 1870er-Jahren. Plötzlich taucht aus den eisigen Fluten des unbegradigten Neckars ein großer, blendend aussehender Mann auf, der im Fluss regelmäßig Abhärtungsbäder zu nehmen pflegt. Den hier entlangflanierenden Frauen bleibt bei diesem Anblick schier das Herz stehen. Hat man ihn nicht des Öfteren mit zwei oder sogar drei Frauen Arm in Arm am Ufer gesehen? Angeblich ist er mit allen verheiratet! Ja, und zu guter Letzt ist er auch noch Sozialdemokrat und Freidenker, dieser Albert Dulk (1819–1884). 1871 war der in Königsberg geborene Schriftsteller und Revolutionär von Stuttgart nach Untertürkheim in die Jakobstraße 1 gezogen, der heutigen Schlotterbeckstraße 1. Die Neckarbäder waren für »den Indiana Jones des 19. Jahrhunderts« Albert Dulk nur Sandkastenspiele, hatte er doch einige Jahre vorher den Bodensee durchschwommen, den Nil befahren, die Wüste durchquert und einige Monate als Eremit im Sinai-Gebirge gelebt.

Seine Werke fanden aber nur wenige Leser und sind heute völlig unbekannt, sei es das Drama »Lea« über den jüdischen Finanzienrat Joseph Süß Oppenheimer in Diensten des württembergischen Herzogs Carl Alexander von Württemberg, seine Gedichte oder seine kirchenkritischen Schriften. Damals wurde er politisch verfolgt und wegen Volksverhetzung und Gotteslästerung vierzehn Monate ins Gefängnis gesteckt.

Und wie war das nochmal mit seinen Frauen? Lassen wir Albert Dulk selbst zu Wort kommen. In einem Brief, einige Jahre vor seinem Tod geschrieben, offenbart er dem Adressaten einen Einblick in sein Privatleben:

Sie werden sich wundern, über meine Familienverhältnisse keinerlei Notiz zu finden; der Grund dessen ist dieser. Ich habe im Laufe der Jahre mit drei Frauen Ehe geschlossen – in »legitimer« Form nur mit der ersten – u. allerdings von der zweiten Frau mich wieder geschieden, doch haben wir, soweit dies den Zeitverhältnissen entsprach, nur Ein Haus gebildet, und die Kinder gemeinsam erzogen, welche alle – zwei von ihnen leben noch – meinen Namen tragen. Nun sind zwar diese Verhältnisse völlig in m. Verwandtschaft bekannt, und nicht minder auch in Würtemberg stadt- u landläufig, da ich nie ein Hehl daraus machte, sie auch in den Angriffen wohl zu schmecken bekommen (könnte Ihnen u. a. 2 latein. Epigramme! aus e. hiesigen Zeitung – in flotten Distichen – beilegen), während ich echter Anschuldigung oder einem Vorwurf der Unehrenhaftigkeit u. dgl. bisher nicht begegnet bin. Allein diese Verhältnisse an solcher Stelle zu veröffentlichen, würde nicht nur die betheiligten Familien (z. T. in preuss. Hofämtern) in Verlegenheit setzen, sondern vielleicht auch ein heftiges Aufsehen erregen u. den letzten Lebensabend verbittern können. »Anstandshalber« dagegen Ihnen nur von meiner Frau sprechen, wäre ein Verleugnen der anderen, u. ein Verheimlichen meines Lebens u. meiner Überzeugungen, zu dem ich mich nicht entschließen kann.

Hochachtungsvoll A. Dulk

Der stilvolle Bahnhofsbau von Untertürkheim von 1896 bildet den Endpunkt der Tour. Auf dieser Bahnstrecke verkehrte am 22. Oktober 1845 die erste württembergische Eisenbahn von Cannstatt nach Esslingen.

Ginge man nun die Lindenschulstraße wieder zurück und den Bruckwiesenweg rechts entlang, stünde man bei der nächsten Querstraße vor dem Straßenschild »Albert-Dulk-Straße«. Aber das ist ja nicht besonders aufregend, wie auch sein Wohnhaus in der Schlotterbeckstraße nicht mehr steht. Da stellen wir uns Albert Duck doch lieber vor, wie er hier aus dem Neckar steigt.

Von diesem imaginären Anblick gestärkt finden wir zurück zum Endpunkt unserer Tour, der *S- und U-Bahn-Haltestelle »Untertürkheim«*. Dazu geht es zurück über die *Lindenschulstraße*, nach den Schulgebäuden links in die Straße *Beim Inselkraftwerk* und schließlich über den *Wilhelm-Wunder-Steg* zur Haltestelle.

S- und U-Bahn-Haltestelle »Untertürkheim«

BAD CANNSTATT
MineralBad Cannstatt
Stadtbad
Mineralbad
Neckarviadukt
Sommerrainstr.
Masurenstr.
Tannenberg-
Veiel-
Theodor-Str.
Nürnberger
Prießnitzweg
Waiblinger
Badbrunnenstr.
Im Geiger
Argonnen-str.
Winterbacher Str.
Endersbacher
Remstal-
Rommelshauser
Obere
Dennerstr.
Augsburger Str.
Saarstr.
Beuthener weg
Ebitz-
Winterhaldenstr.
Taubenheim-
Wiesbadener Str.
Martin-Luther-
Nau-hei-mer
Kreuz-nacher
Daimler-
Wilhelmstr.
Karl-
Waiblinger Str.
Wildunger Str.
Kissinger Str.
Reichenhaller Str.
Wörishofener Str.
Seelbergstr.
Bahnhofstr.
Eisenbahn-
Schöne-Str.
Deckerstr.
Elwertstr.
Veielbrunnen-
Reichenbach-str.
Neckartal-
Schmidener
Hofener
Voltastr.
Rommelstr.
Kelter
Römerkastell
Krefelder Str.
Rosenau-str.
Duisburger Str.
Hall-
Brückenstr.
Halden-
Steig-friedhof
Kreutel
Bez.R
Hp
0 1 : 15 000 500m
1 2 3 4 5 6 7 8 9 10 11 12 13 14 15 X X

Vom Espan bis ins Zentrum von Bad Cannstatt

Das Neckarthal bei Cannstadt.

Auf eine Landschaft von Steinkopf.

Zarter Ueberflug von Licht,
Das aus frühem Nebel bricht!
Welch ein Thal aus fernen Landen
Ist vor meinem Blick erstanden?

Weiche Hügel hingestreckt,
Dicht mit Baum und Strauch gedeckt,
Und von Wäldern übersäumet,
Drob ein Morgenhimmel träumet.

Reifen mag in Höhn und Schlucht
Hier es wohl von Wunderfrucht,
Tönen in den Laubgehängen
Mag's von fremden Vogelsängen.
[…]

(Gustav Schwab)

Der Dichter Gustav Schwab kommt aus dem Schwärmen über das Tal bei Cannstatt nicht mehr heraus, kurioserweise aber ohne Cannstatt selbst zu beschreiben, so wie der Maler Gottlob Friedrich Steinkopf auf seinem Bild auch Cannstatt hinter Bäumen versteckt. Doch wir wollen uns den größten und geschichtsträchtigsten Stadtteil Stuttgarts genau anschauen, denn über den Kurpark, die Altstadt, die Dichter und die Schriftsteller Cannstatts kann man doch auch ins Schwärmen geraten. Sogar Wunderfrüchte und fremde Vogelsänge gibt es – in der Wilhelma. Wir starten allerdings weit draußen, jenseits der Remstalbahn, wo sich der Autor Reinhard Gröper an seine Kindheit erinnert und aktuelle und vergangene Verlagsgeschichte im Verborgenen blüht. Dann schlängeln wir uns unter der Bahnlinie, durch Straßen und »Laubgehänge« in den Cannstatter Kurpark und

Stadtbahnhaltestelle »Antwerpener Straße«

Treppe in Richtung Narewstraße

beschließen den literarischen Weg in der Altstadt und am Neckarufer mit Blick auf die Wilhelma und Schloss Rosenstein.

Bei der *Stadtbahnhaltestelle »Antwerpener Straße«* überqueren wir die Gleise und die Straße nach links und steigen die *Treppe in Richtung Narewstraße* hinauf. Dort verweilen wir nun einen Moment auf dem Treppenabsatz und blicken in das Wohngebiet gegenüber der Nürnberger Straße. Ein kleines Stück weiter stadtauswärts zog der Stuttgarter Schriftsteller Reinhard Gröper im Jahre 1938 als kleiner Junge mit seiner Familie in eine der kleinen Querstraßen hinter der Baumreihe, die *Kemmelbergstraße 4*, ein. In dem Buch »Vom Glück, bei großen Gärten zu wohnen« beschreibt er den Umzug in das damals neu gebaute Viertel:

Die Wochen vor dem Umzug waren eine Nervenprobe, denn der Neubau wurde nicht fertig. Die Fellbacher Vermieterin verlor die Geduld. Sie musste stillhalten: Bald waren Baustoffe knapp, bald die Transportkapazitäten der Bahn – das Reich baute den Westwall gegen Frankreich. [...] Zum 1. November zogen wir ein. Die Straße, ein aufgeschütteter Damm, war tief zerfurcht. Das Linoleum wurde gerade noch gelegt, als wir mit dem Möbelwagen vorfuhren. Die Möbelmänner ließen den Wagen stehen, um erst einmal anderswo hinzuziehen. Bei Dunkelheit kamen sie wieder, nun betrunken.

Bis dahin hatten wir ins Unbestimmte wartend herumgesessen. Als erstes stellten die Eltern unsere Kinderbetten

Hinfahrt	Stadtbahnlinie U1, Haltestelle »Antwerpener Straße«.
Rückfahrt	Stadtbahnlinien U1, U2, Haltestelle »Bad Cannstatt Wilhelmsplatz«. U13, Haltestelle »Bad Cannstatt Wilhelmsplatz (Badstraße)«.
Länge	4 Kilometer.
Dauer	2,5 Stunden.
Besichtigung	Stadtmuseum Bad Cannstatt, Marktstraße 71/1. Geöffnet mittwochs 14 bis 16 Uhr, samstags 10 bis 13 Uhr, sonntags 12 bis 18 Uhr.
Einkehrmöglichkeiten	**Weinstube »Am Stadtgraben«,** Am Stadtgraben 6, Telefon (07 11) 56 70 06. **Weinstube »Klösterle«,** Marktstraße 71, Telefon (07 11) 56 89 62.

Im Gemälde »Blick auf Schloss Rosenstein« von Gottlob Friedrich Steinkopf aus dem Jahre 1828 leuchtet das Cannstatter Tal geradezu südlich-arkadisch. Seitdem sind allerdings ein paar Häusle dazugekommen …

auf, damit wir wenigstens schon einmal schlafen konnten. Am nächsten Morgen las ich unser Besteck aus den Wagengleisen. Die Möbelräumer hatten es aus den Schubladen verloren.

Das war nun unsere Welt: Der Häuserblock stand quer zu der flachen Bachsenke, in der die Nürnberger Straße gegen die Stadtgrenze heraufzieht. In der Mitte der Nürnberger Straße war der Gleiskörper der Straßenbahn als Espenallee angelegt. Die Fahrbahnen rechts und links waren kopfsteingepflastert. Ein paar Gärten begleiteten die Ausfallstraße. Im Gelände vor uns waren Dämme aufgeschüttet, die bereits Straßennamen hatten.

Sein Schulweg führt zunächst in die Cannstatter Martin-Luther-Schule, später dann ins Johannes-Kepler-Gymnasium im Stadtzentrum Cannstatts. Geboren ist Reinhard Gröper 1929 in Bunzlau in Schlesien. Sein Vater verlor dort aus politischen Gründen 1933 seine Stelle als Bibliothekar, zwei Jahre später fand er eine Anstellung in der Cannstatter Bücherei, damals unweit der Martin-Luther-Schule. Reinhard Gröper heißt übrigens »im richtigen Leben« Egbert-Hans Müller. Er hat die Literatur nicht nur durch eigene Werke befördert, sondern auch

Der Stuttgarter Autor Reinhard Gröper kam mit seiner Familie Anfang der 1930er-Jahre von Schlesien nach Württemberg.

als Referent und Ministerialdirigent im Kultusministerium. Er ist seit 1994 freier Schriftsteller. Cannstatt ist Schauplatz seiner Tagebücher der Hitlerjugendzeit und der Zeit nach dem Zweiten Weltkrieg (»Erhoffter Jubel über den Endsieg« und »Nachkriegshäutung«) sowie des Romans »Schöne Tage in Ratswyl«.

Wir gehen die Treppen weiter aufwärts und durch die *Narewstraße* und dann links, die zweite Querstraße, in die *Tannenbergstraße*. An ihrem Ende gelangen wir auf einem Fußweg zu einem Spielplatz im Grünen und weiter geradeaus auf der Wiese zu einem *Aussichtspunkt hinter dem Spielplatz am Anfang der Tannenbergstraße*. Das Wohngebiet, in dem wir uns befinden, zwischen Fellbach, Nürnberger Straße und der Bahnlinie heißt »Espan« und war bis zum Ende des 19. Jahrhunderts bis auf das Cannstatter Krankenhaus nahezu unbesiedelt.

Aussichtspunkt hinter dem Spielplatz am Anfang der Tannenbergstraße

Die Aussicht von hier wird nicht jedem Cannstatter gefallen, denn man sieht zwar Stuttgart, aber sehr wenig von Cannstatt. Ein Gebäude des Krankenhauses Bad Cannstatt versperrt die Sicht. Das soll uns nicht davon abhalten, nochmals ein paar Zeilen aus Gustav Schwabs Lobeshymne »Das Neckarthal bei Cannstadt« zu hören:

[…]
Dörfer stehn in halber Nacht –
Welch Geschlecht wohl dort erwacht?
Du, die Augen aufgeschlagen,
Blauer Fluß, woher getragen?

Ueber Wellen ruft dein Steg
Durch's Gesträuche lockt der Weg,
Und der Berge graue Kette
Birget neue Wunderstätte.
[…]

Nein, es ist kein fernes Thal,
Schwaben, Schwaben allzumal!
Welch ein herrlich Land mein eigen,
Muß mir's erst der Maler zeigen?

Nicht zur duft'gen Ferne hin
Strebe, ruheloser Sinn!
O wie süß im Nachbarthale
Ruhet sich's im Sonnenstrahle!

Der württembergische Dichter Gustav Schwab (1792–1850) schwärmt in seinem begeisterten Gedicht »Das Neckarthal bei Cannstatt« zwar nicht »Schwaben, Schwaben über alles«, aber es fehlt nicht viel …

Wie hatten es die schwäbischen Romantiker, zu denen Gustav Schwab zählt, doch gut! Man nehme ein Bild, in dem die Landschaft bei Cannstatt aussieht wie ein südliches Paradies und besinge damit das herrliche Schwabenland, wenn auch die Realität dahinter zurückbleibt. Dann bleibt man auch gern zu Haus und nährt sich redlich.

Wir ruhen bei Bedarf auch etwas im Sonnenstrahle aus, erreichen dann über den abwärts führenden Fußweg links die Sackgasse des *Baumannwegs*, gehen ihn abwärts und dann wiederum links durch den *Morstattweg* zur Einmündung der *Theodor-Veiel-Straße*. Diese führt nach rechts abwärts zur *Oberen Waiblinger Straße 156*.

Obere Waiblinger Straße 156

Hier enthüllen wir eine kleine Cannstatter Sensation, von der kaum jemand etwas weiß. Die Geschichte zweier Verlage, einer Literaturzeitschrift und einer Jugendzeitschrift begann nämlich hier an dieser Stelle. 1987 wurde die Zeitschrift »Delta – Zeitschrift für Essayistik und Dichtung« gegründet, daraus entwickelte sich der Literaturverlag Edition Delta. Die sieben bis acht Bücher, die die beiden Herausgeber Tobias und Juana Burghardt jedes Jahr veröffentlichen, sind immer zweisprachig. Schwerpunkt sind Übersetzungen der neuen Lyrik Lateinamerikas und der Iberischen Halbinsel aus dem Spanischen, dem

Katalanischen und dem Portugiesischen. Aber nicht nur das, bei ihnen erscheinen auch Übersetzungen aus dem Arabischen, Französischen, Koreanischen, Sephardischen und Vietnamesischen, sogar aus dem Maya-K'iche', einer Sprache der Maya in Guatemala! Wenn der Lyriker Tobias Burghardt nicht im Verlag zugange ist, ist er auf Poesiefestivals in Europa und Lateinamerika unterwegs oder sitzt in der Jury von lateinamerikanischen Literaturpreisen, wie dem internationalen Lyrikpreis »Victor Valera Mora« in Venezuela. Zwar umgezogen, aber weiter fleißig am Schaffen, ist der Verlag, der von ihrem Sohn Janos Burghardt hier in der Oberen Waiblinger Straße gegründet wurde: der YAEZ-Verlag mit der gleichnamigen Jugendzeitung. Die Zeitung »YAEZ« erscheint kostenlos in einer Auflage von 300 000 Exemplaren an über 5000 Schulen bundesweit. Entstanden sind Verlag und Jugendzeitung aus einer Schülerzeitschrift der Freien Waldorfschule Engelberg in Winterbach im Remstal. Man merkt: Der Apfel fällt nicht weit vom Stamm.

Nach diesen verlegerischen Glanzlichtern nun zu einer Firma, die bis in die 1970er-Jahre hier zeitweise über tausend Menschen Arbeit gab, die Mercedes …, nein, nicht die Automobilfirma, sondern die Schuhfabrik. Sie befand sich an der Oberen Waiblinger Straße ab dem Prießnitzweg auf der rechten Seite in Richtung Innenstadt. Zeitweise arbeiteten dort über tausend Menschen. Reinhard Gröpers Schulweg führte in den 1930er-Jahren von der Kemmelbergstraße über die Obere Waiblinger Straße zum Cannstatter Johannes-Kepler-Gymnasium an dieser Fabrik entlang:

Die Obere Waiblinger Straße, damals nach einem verstorbenen Nationalsozialisten benannt, verlief zwischen Gärten – dem Gelände des Wasserreservoirs oberhalb und der Sigloch-schen Stauden- und Baumgärtnerei unterhalb der Straße. Im Sommer rann ein Brunnen an der Mauer des Reservoirs. Als im Krieg das Wasser knapp wurde, lief es nur so lange, als man auf einen faustgroßen Knopf drückte. Dieses Stück Weg roch im Frühjahr und Sommer, wenn es regnete, nach Schnecken. Weinbergschnecken schleimten über die Straße.

Die bescheidenen Arbeitermiethäuser der Wilhelmshöhe, vorn die Gaststätte gleichen Namens, Klinkerbauten vom Ende des vergangenen Jahrhunderts, standen rechts der Straße, angeblich auf dem alten Cannstatter Galgenberg. […]

Der Weg führte unter den beiden Fabrikgebäuden der Mercedes Schuhfabrik vorbei. Drinnen surrten Transmissionen und Maschinen.

Vorbei an der Gaststätte »Wilhelmshöhe«, die es immer noch gibt, gehen wir den *Prießnitzweg* entlang. Beim Knick des Prießnitzwegs nach links taucht vor uns das Klinikum Bad Cannstatt auf. Halblinks vor uns befindet sich der Altbau der Hautklinik. Sowohl das heutige Klinikgelände als auch das Areal links davon bis zur Bahnlinie waren bis vor wenigen Jahren US-Militärgelände.

Das Gebäude der Hautklinik war die Geburtsklinik der hiesigen US-Army, insgesamt kamen hier 0,1 Promille der US-amerikanischen Bevölkerung zur Welt, nämlich 30 000 Personen. Da war sicher auch der ein oder andere Schriftsteller darunter. Davon kann ich nun leider keinen hervorzaubern, wenn man aber den Prießnitzweg links herum geht und dem *Fußweg gegenüber der Einmündung Hofrat-Mayer-Weg* etwa zehn Meter folgt, befindet sich rechts ein kleiner Mammutbaum, der nach einem Pulitzer-Preisträger benannt ist.

Fußweg gegenüber der Einmündung Hofrat-Mayer-Weg

Der Pulitzer-Preis ist immerhin so etwas wie der »Oscar« des US-amerikanischen Journalismus. Die Gedenktafel am Baum klärt uns auf: Der Baum heißt John-F.-Kennedy-Baum, benannt nach dem bekannten US-amerikanischen Präsidenten. 1957 bekam er den Pulitzer-Preis für ein Buch, das einer seiner Berater geschrieben hatte. Der Baum bekam seinen Namen aber natürlich nicht wegen des Pulitzer-Preises, sondern wegen des Attentats auf Kennedy 1963.

Wir gehen wieder retour und durch den *Hofrat-Mayer-Weg* rechts in den *Kneippweg*. Beim *Kneippweg 8* stehen wir vor einem langgestreckten Altbau mit verschiedenen sozialen Einrichtungen. Dieses Gebäude ist der Rest der ursprünglichen Gebäude des Cannstatter Krankenhauses aus dem 19. Jahrhundert. Im rechten Seitenbau befindet sich wiederum ein literarischer Ort, nämlich die zweitkleinste Filiale der Stadtbücherei Stuttgart. Dreimal sollte die Filiale schon aus Kostengründen geschlossen werden, jedes Mal erreichten die Proteste der Leser, dass es mit der Filiale weitergeht. 1993 wurde die Filiale sogar von Lesern besetzt. Ein besonderer Schwerpunkt der Filiale ist die interkulturelle Arbeit.

Wir gehen durch den schönen Tordurchgang des Gebäudes hindurch und erreichen nach hundert Metern Fußweg wieder die Obere Waiblinger Straße, die wir rechts herum gehen. Linker Hand, als letztes Gebäude vor dem Verkehrskreisel, steht in der *Oberen Waiblinger Straße 136* ein unscheinbarer Wohnblock. Hier gedenken wir eines geheimnisumwobenen Mannes, der dort bis Mitte der 1990er-Jahre wohnte, bevor er ins Wohngebiet Sommerrain umzog: Werner Mitsch, 1936

Obere Waiblinger Straße 136

Der Durchgang durch das alte Krankenhausgebäude am Kneippweg hat zwar keinen Bezug zur Literatur, ist aber schön anzusehen.

in Stuttgart geboren und 2009 ebendort verstorben. Der war nun kein amerikanischer Präsident, deswegen steht für ihn hier kein Baum, nein, er war ein »Sprücheklopfer« oder auf lateinisch »Aphoristiker«.

Sie sagen, das ist nichts Besonderes? Aber Werner Mitsch hat es auf die stattliche Anzahl von zwölf Veröffentlichungen gebracht und auf 40 000 Sprüche, also auf mehr Sprüche, als US-Amerikaner nebenan geboren wurden. Seine Alltagsphilosophien, Wortspielereien, Paradoxien kursierten durch Zeitungen, Zeitschriften, Kalender, Rundfunk- und Fernsehsender. Er wurde häufig zitiert – leider nicht selten ohne seine Zustimmung und ohne Hinweis auf den Verfasser. Werner Mitsch war von Beruf Schriftsetzer und lebte allein. Hier eine – zum Glück unvollständige – Auswahl:

Alle wollen zurück zur Natur, aber keiner zu Fuß.

Teigwaren heißen Teigwaren, weil Teigwaren Teig waren.

Je dünner die Zeitung, desto dicker die Schlagzeile.

Der Mensch stammt vom Affen ab. Der eine mehr, der andere weniger.

Reicht es? Nein? Nun gut, hier geht es weiter:

Genitiv ins Wasser, weil es Dativ ist.

Wer auf fremden Feldern erntet, weiß oft nicht, was ihm blüht.

Gedanken sind wie Haare. Die meisten sind wertlos, sobald sie den Kopf verlassen haben.

Männer, die keine Frau finden, sollten auch nicht heiraten.

Eine Gesellschaft, die mehr leistet, als sie sich leisten kann, nennt man eine Leistungsgesellschaft.

Man darf kein Träumer sein, wenn man sein Geld im Schlaf verdienen will.

Wir belassen es dabei, die restlichen 39990 Sprüche können Sie sich im Internet anschauen oder aus der Bücherei ausleihen. Friedrich Witte, ein guter Bekannter von Werner Mitsch, sagte 2009 in der Trauerrede: »Werner heinz-igartig Mitsch ist ein verdienter Meister des Aphorismus. Er rammte seinen Namen in die Aphoristik-Geschichte wie kaum einer zuvor: krisenfest,

Wer kann mit ihm mithalten? Der »Aphorismo-holic« Werner Mitsch hat an die 40 000 Sprüche und Aphorismen veröffentlicht.

resistent und unverkürzt gegen Um-, Ab- und Neuwertungen. Er ist eine permanent beachtete Respektsperson seit über 50 Jahren. Geben wir nun den Toten der Mutter Erde zur letzten Wandlung in das Grab. Das Mitsch-Universum aber stirbt nicht – es lebt weiter!«

Wir machen uns auf den Weg ins Zentrum Cannstatts, indem wir auf der anderen Seite des Kreisverkehrs die Bahnlinie unterqueren und rechts die *Brenzstraße* hinuntergehen. Wir folgen dann der Brenzstraße bis jenseits der *Gnesener Straße* und der nächsten Bahnlinie. Auf dieser Strecke verkehrt heute nur mehr Güterverkehr, früher fuhren die Arbeiter der Salamanderwerke in Kornwestheim hier ins »G'schäft«, so dass die Linie den Namen »Schustersbahn« bekam. Hinter der Bahnlinie zweigt sofort rechts die *Dennerstraße* als Fußweg in den Kurpark. Dort, wo rechter Hand ein Fußgängersteg die Bahnlinie überquert, gehen wir zunächst wenige Meter halblinks ins Kurgelände und folgen dann dem *Weg mit den Kugellampen* weiter parallel zur Bahnlinie. Dieser Weg führt uns in einer leichten Linkskurve an einem gusseisernen Pavillon vorbei und weiter zu einer Sitzecke mit groben Mauern. Es geht noch ein Stück geradeaus, bis der Weg dann leicht nach links abbiegt. Nach 50 Metern erreichen wir eine schöne *Aussichtsplattform oberhalb des Kursaals* mit Blick auf Cannstatt. Diesmal stört kein Gebäude die schöne Aussicht. Sinnieren wir hier noch etwas über das Verhältnis von Cannstatt zu Stuttgart.

Aussichtsplattform oberhalb des Kursaals

»Ist das Stuttgart bei Cannstatt?«, wurde der württembergische Landeshistoriker Johann Daniel Georg Memminger von einem Polizeibeamten in Tirol gefragt, als der seinen Pass kontrollierte. So berichtet es Memminger im Jahre 1812. Und auch noch heute geht einem Cannstatter die Zuordnung »Stuttgart-Bad Cannstatt« schwer über die Lippen, er wandelt es lieber um zu »Stuttgart *bei* Cannstatt«.

Zu Recht übrigens: Denn als in der heutigen Stuttgarter Innenstadt in den Sümpfen des Nesenbachs noch die Frösche quakten, errichteten die Römer in Cannstatt ein Militärlager. Cannstatt wurde Jahrhunderte vor Stuttgart gegründet und im 19. Jahrhundert war es ein Kur- und Badeort von Weltrang. Der obere Kurpark, der Kursaal und der sich unter uns ausbreitende untere Kurpark zeugen von dieser mondänen Zeit. Ein reichlich spöttischer Schriftsteller aus Österreich namens Hieronymus Lorm (1821–1902) – eigentlich Heinrich Landesmann – weiß in den 1858 erschienenen »Erzählungen des Heimgekehrten« über den sich vor uns bietenden Ausblick zu berichten:

Blick vom Kurpark auf Cannstatt (1840). Sehen Sie auf dem Bild oder in der Realität die von Hieronymus Lorm erwähnte »Prinzessin Glück«, die hier irgendwo schlummert? In der Bildmitte rechts die Cannstatter Stadtkirche von Aberlin Jörg.

An der Stadt selbst ist nun freilich nicht viel zu sehen, sie ist ein echtes Landstädtchen, ein aus Häusern wie aus steinernen Flanelljacken zusammengesetzter Philister. Nur die Schlafmütze hat man ihm abgezogen und sein Haupt dafür durch einen Kranz schöner Anlagen und Spaziergänge verherrlicht, die sich an die von Säulen getragene und von Galerien eingefaßte Brunnenhalle schließen.

Hat man den höchsten Punkt erreicht, so steht man an der schönsten Stelle des Neckartales und begreift wohl, wie dieses Tal eine eigene Dichterschule, um es zu preisen, hervorrufen mußte. Was je ein der Idylle zugeneigtes Gemüt vom Reiz der Dörfer träumte, liegt lebendig an den Ufern des Neckar, wie er sich bei Cannstatt schauen läßt. Die Dörfer nehmen durch ihre auf Hügeln ruhenden Kirchen mitten im protestantischen Lande den eigentümlichen Zauber katholischen Friedens an, wie denn auch manche vereinzelt stehende Kapelle, noch aus der Zeit vor der Reformation stammend, ihr Recht des Daseins behauptet. Man braucht nicht empfindsam zu sein, um, wenn man die Gegend von Cannstatt überschaut, in ihrer sonnigen Ruhe zu glauben, die Prinzessin Glück schlummere verzaubert in einem dieser Dörfer, und es gälte nur, den rechten Augenblick nicht zu versäumen, um sie zu erlösen und heimzuführen. [...] Auch will uns Stuttgart, von Cannstatt aus gesehen, besser gefallen, als wenn wir es mit dem Fuße betreten.

Hieronymus Lorm (1821–1902) war Erzähler, Lyriker, Theaterautor und Romancier, Essayist und Journalist und – zeit seines Lebens krank, halb taub und ab 1881 blind.

Haben Sie das gehört? Stuttgart ist am schönsten von Cannstatt aus gesehen. Und Prinzessin Glück schlummert irgendwo verzaubert dort unter uns. Oder liegt sie vielleicht träumend in einem sprudelnden Becken des Cannstatter Mineralbads oder des Mineralbads Leuze?

Der aus Mähren stammende Lorm wurde allerdings selbst weniger von Prinzessin Glück besucht. Er verlor seinen Gehörsinn und später auch noch sein Sehvermögen, trotzdem veröffentlichte er Romane, Erzählungen und Gedichte. In späteren Jahren entwickelte er dabei das heute noch gebräuchliche »Lormsche Fingeralphabet«. Gestorben ist er 1902 in Brünn, heute eine Partnerstadt von Stuttgart.

Wir gehen hinunter in den unteren Kurpark, indem wir den *Fußweg rechts der Aussichtsplattform* abwärts gehen und dann gleich wieder scharf links an dem Gedenkstein für Carl Friedrich Sick vorbei. Weiter unten gelangen wir zu einer Wegkreuzung, an der wir nach links gehen. Der Weg steigt nun leicht an. Bei der nächsten Möglichkeit geht es rechts hinunter. Links taucht die Gedenkstätte für Gottlieb Daimler auf, die einen Besuch wert ist. Wieder rechts herum gehen wir im Park parallel zur Straße. Wir erreichen wieder den Kursaal und gehen links aus dem Park hinaus zur *Taubenheimstraße*. Nun interessiert uns nicht Prinzessin Glück, auch nicht der grandiose Tüftler Gottlieb Daimler, sondern ein Cannstatter Teufele namens »Zuckerle«:

Taubenheimstraße

7

»Sodele«, sagte Schmoll. »Dann lass uns mal zu Oberstudienrat Dr. Markus Engler in die Taubenheimstraße fahren.« »I glaub, die Hausnummer isch in dr Nähe vom Kursaal.«

Hauptkommissar Schmoll und sein Assistent Katz besuchen den Geliebten von Dorothea Zuckerle, Markus Engler. Wochen vorher wurde Dr. Bäumle umgebracht, tot lag er in Stuttgart-Berg unterhalb des Riesling-Stegs. Mit Dr. Bäumle hatte Dorothea Zuckerle ebenfalls ein Verhältnis. Irma Eichhorn, die Kollegin von Kriminalhauptkommissar Schmoll und Katz, war, wie der Zufall es will, auf einer Ägyptenreise diesem »Vamp«, Markus Engler und seiner Frau begegnet. Letztere verunglückt auf der Reise tödlich. Nun wird Engler, der natürlich von der Liaison seines »Zuckerles« mit dem Zahnarzt Bäumle nichts weiß, von der Kripo verhört:

»Ein Mann wurde gewaltsam vom Riesling-Steg auf die darunter verlaufende Gleisanlage der SSB geworfen.«

»Und dann ist die U-Bahn darübergefahren?«

»Nein, er ist an dem Sturz gestorben.«

»Aha, und wer war der Tote?«

»Dr. Joachim Bäumle. Zahnarzt aus Feuerbach.«

»Aus Feuerbach? Was wollte der nachts im Stadtteil Berg?«

»Er kam von seiner Geliebten, die in der Neckarstraße wohnt. Sie heißt Dorothea Zuckerle.«

Markus Engler sprang vom Stuhl hoch, setzte sich, sprang erneut hoch und lief wie ein aufgezogenes Spielzeug in dem großen Wohnzimmer auf und ab. Er sagte nichts, schüttelte nur unentwegt den Kopf. Schließlich setzte er sich wieder und erklärte ruhig: »Da liegt ein Irrtum vor!«

»Möglicherweise«, sagte Schmoll. »Aber irre ich mich auch, wenn ich Ihnen sage, dass Sie und Ihre Frau mit Dorothea Zuckerle während Ihres Ägyptenaufenthaltes eng befreundet waren?«

»Da irren Sie sich nicht, Herr Hauptkommissar!« Engler sprang wieder vom Stuhl auf und sagte: »Fragen Sie sie selbst.« Engler lief aus dem Zimmer und presste beide Hände vor die Brust.

»Net dass der no an Herzinfarkt kriegt«, flüsterte Katz zu Schmoll.

Die weiteren Fragen der Kripo Stuttgart und alles über die sehr eindrucksvolle Dorothea Zuckerle können Sie in dem Krimi »Cannstatter Zuckerle« von Sigrid Ramge nachlesen.

Kreuznacher Straße 2

Über die Stadtbahngleise gelangen wir nun vor dem Kursaal in den unteren Kurpark und gehen den Weg parallel der *Wildbader Straße* weiter und kommen am Juno-Brunnen vorbei. Kurz vor den Blumenbeeten und den Becken mit den kleinen Fontänen kommt man links zur *Kreuznacher Straße 2,* das gelb getünchte Haus rechter Hand mit dem markanten Balkon genau im Winkel. Abgesehen davon ist es unscheinbar, unauffällig und eigentlich nichtssagend. Doch es birgt wundersame, literarisch bedeutsame Dinge. Nicht nur Lübeck darf sich eines Buddenbrook-Hauses rühmen, auch Cannstatt hat ein »Buddenbrook-Häusle«! Wie bitte? Ein Haus, in dem Familienmitglieder des Schriftstellers Thomas Mann lebten, benannt nach dem erfolgreichen Roman »Die Buddenbrooks«? Nun, weder er selbst noch sein Bruder Heinrich Mann haben jemals in Cannstatt gelebt, obwohl Thomas Mann 1949 zumindest durch Cannstatt gefahren ist – schreibt sein damaliger Chauffeur. Aber hier lebte elf Jahre lang, von 1870 bis 1881, Elisabeth Mann (1838–1917), Thomas Manns Tante. Verheiratet war sie in zweiter Ehe mit einem Esslinger Kaufmann namens Gustav Haag. In Cannstatt wurde das zweite Kind Henry geboren. Die Geschäfte von Gustav Haag gingen schlecht. 24 000 Mark – entsprechend heute 150 000 Euro – schoss die Schwiegermutter

Mann in Lübeck zu, doch Gustav Haag kam nicht mehr auf die Beine. 1881 wird die Ehe geschieden, vier Jahre später stirbt der ruinierte Gustav Haag. Thomas Manns Tante war Vorbild für die »Buddenbrook«-Romanfigur Tony Buddenbrook, ihr unglücklicher Mann Gustav Haag bildete die Vorlage für den zweiten Mann Tony Buddenbrooks Alois Permaneder.

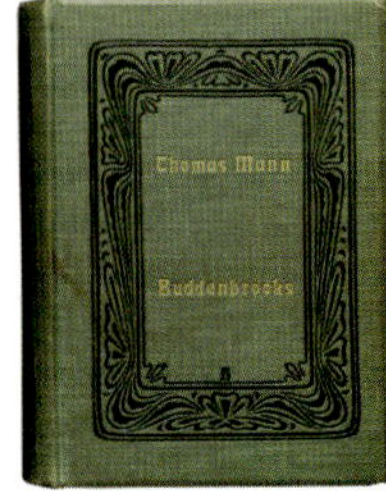

Der Erfolgsroman von Thomas Mann »Die Buddenbrooks« spielt »mittelbar« auch in Bad Cannstatt, somit steht auch hier ein »Buddenbrook-Häusle«. Hier der Original-Einband des Erstdrucks der »Buddenbrooks« von 1901.

So weit das erste Mitglied der Familie Mann, das in diesem Haus lebte, das zweite folgt sogleich: Erinnern Sie sich an die Romanfigur Christian Buddenbrook, den hypochondrischen Possenreißer? Der unentwegt Schmerzen im linken Bein hat, weil angeblich dort die Nerven zu kurz sind? Vorbild für diese Figur ist Friedrich Mann (1847–1926), Thomas Manns Onkel, der tatsächlich jahrzehntelang in verschiedensten Heilanstalten behandelt wurde. Im August 1875 kam er nach Cannstatt zur Familie seiner Schwester in dieses Haus. Vermutlich hat er von den Behandlungsangeboten der zahlreichen Heilinstitute hier Gebrauch gemacht. Im Juni 1876 zieht der »Anstaltsnomade« Friedrich Mann weiter nach Bad Boll, dann nach Kennenburg bei Esslingen. Zu Ende ist die Leidenszeit damit nicht. Er wird Jahre später in eine Heilanstalt in Lübeck eingewiesen, wo er 1924 stirbt. Cannstatt taucht in keiner Zeile in den »Buddenbrooks« auf, die Orte und die realen Personen waren Thomas Mann wohl zu langweilig. Es musste schon der Urbayer Alois Permaneder sein anstatt des langweiligen Schwaben Gustav Haag, der seiner Frau Tony Buddenbrook hinterherruft: »Geh' zum Deifi, Saulud'r, dreckats!« Schade, auf Schwäbisch hätte man doch sicherlich ähnlich Eindrucksvolles gefunden.

Widmet man sich allerdings Thomas Manns Roman »Der Zauberberg«, wird man doch fündig. Joachim Castorp, Sanatoriums-Bewohner in Davos, erzählt seinem Bruder Hans von der ungebildeten Tischnachbarin Caroline Stöhr:

> Eine Dame sitze mit ihm am Tische, namens Frau Stöhr, ziemlich krank übrigens, eine Musikergattin aus Cannstatt, – die sei das Ungebildetste, was ihm jemals vorgekommen. »Desinfiszieren«, sage sie, – aber in vollstem Ernst. Und den Assistenten Krokowski nenne sie den »Fomulus«. Das müsse man nun hinunterschlucken, ohne das Gesicht zu verziehen. Außerdem sei sie klatschsüchtig, wie übrigens die meisten hier oben, und einer anderen Dame, Frau Iltis, sage sie nach, sie trage ein »Sterilett«. »Sterilett nennt sie das, – das ist doch unbezahlbar!« Und halb liegend, gegen die Lehnen ihrer Stühle zurückgeworfen, lachten sie so sehr, daß ihnen der Leib bebte und sie fast gleichzeitig Schluckauf bekamen.

In der Kreuznacher Straße 2 lebte elf Jahre lang Elisabeth Mann (1838–1917), Thomas Manns Tante. Sie war Vorbild für Tony Buddenbrook.

Wie Thomas Mann wohl auf die Idee kam, eine ungebildete klatschsüchtige Romanfigur gerade aus Cannstatt kommen zu lassen? Darüber lässt sich nur spekulieren. Das tun wir nicht, sondern wir spazieren nun von einem Literaturnobelpreisträger zum nächsten. Dazu gehen wir zurück in den Kurpark auf dem bisherigen Weg weiter, rechts an den kleinen Fontänen und dem Spielplatz vorbei, überqueren dann die *Daimlerstraße* und stehen vor einem Schild an der *Daimlerstraße 8*. Dort sind die illustren Schüler namentlich aufgeführt, die die ehrwürdigen Hallen dieses Gymnasiums, des Johannes-Kepler-Gymnasiums, durchschritten haben. Nun dürfen Sie raten, wer von den dort angegebenen Personen diese Zeilen geschrieben hat:

Daimlerstraße 8

Ohne meinen Freund wiedergesehen zu haben, fuhr ich am Ende der Ferien nach St. Meine Eltern kamen beide mit und übergaben mich dem Schutz einer Knabenpension bei einem Lehrer des Gymnasiums. Sie wären vor Entsetzen erstarrt, wenn sie gewusst hätten, in was für Dinge sie mich nun hineinwandern ließen.

Die Frage war noch immer, ob mit der Zeit aus mir ein guter Sohn und brauchbarer Bürger werden könne, oder ob

In der letzten Reihe in der Mitte steht er: der zukünftige Nobelpreisträger Hermann Hesse als Fünfzehnjähriger auf einem Klassenfoto des Gymnasiums Cannstatt.

meine Natur auf andere Wege hindränge. Mein letzter Versuch, im Schatten des elterlichen Hauses und Geistes glücklich zu sein, hatte lange gedauert, war zeitweise nahezu geglückt, und schließlich doch völlig gescheitert. […]

Ich verhielt mich völlig gleichgültig gegen die äußere Welt und war tagelang nur damit beschäftigt, in mich hineinzuhorchen und die Ströme zu hören, die verbotenen und dunklen Ströme, die da in mir unterirdisch rauschten.

Es war nicht der Nato-Generalsekretär Manfred Wörner oder der Chemie-Nobelpreisträger Gerhard Ertl, der diese Zeilen schrieb, sondern der Schriftsteller Hermann Hesse (1877–1962). So beginnt das vierte Kapitel von Hesses Roman »Demian«, erschienen 1919 im S. Fischer Verlag. Hermann Hesse ging von November 1892 bis Oktober 1893 im noch nicht zu Stuttgart gehörenden Cannstatt aufs Gymnasium. Es befand sich damals allerdings weiter vorne an der Ecke Brunnenstraße/*Wilhelmstraße*, dort, wo heute die die Brunnen-Realschule steht. Bei einem Lehrer seiner Schule war Hesse in der Nähe, in der Brunnenstraße 55, in Pension, er bewohnte allerdings ein eigenes Zimmer um die Ecke, in der Wilhelmstraße 40a. Wieder durchlebt er hier schwere Pubertätskrisen wie schon vorher in Maulbronn, Bad Boll und Stetten im Remstal.

Seinen »verbotenen und dunklen Strömen« lauscht er zusammen mit zwielichtigen Gestalten, mit denen er sich in Gastwirtschaften herumtreibt. Grölend und lärmend kommt er abends betrunken in sein Zimmer in der Wilhelmstraße. Anfang 1893 schließlich spitzt sich die Krise wieder zu: Er droht den Eltern mit Selbstmord. Die Mutter Marie Hesse ist außer sich vor Sorge und reist nach Stuttgart. Sie schreibt danach in ihr Tagebuch:

21. Januar reiste ich nach Cannstatt, da Hermann geschrieben, er habe von seinen Schulbüchern verkauft und ein Pistol gekauft, da ihm das Leben zu schwere Last. Finde ihn sehr krank, zornig, unglücklich. Geiger [sein Lehrer in der Pension] merkte nichts. Schlafe im Stübchen neben ihm. Der Sonntag Morgen war schrecklich. Erstens war ich durch und durch erfroren, bitter kalt war's und ein furchtbarer Schneesturm wütete Samstag Abend, da ich auf Hermanns Wunsch hin, Rektor Kapff und Professor Osiander besuchte (die ihn lobten!). Dann die entsetzliche Aufregung von Hermann, der mich anschrie und schimpfte, daß ich am liebsten auf und davon wäre. [...] Ich war an Leib und Seel krank, bekam tüchtigen Katarrh und fühlte mich so ohnmächtig, der bösen Macht gegenüber; doch schrieb nachher Frau Geiger, mein Besuch habe genützt. Vater nimmt herzlichen Anteil und betet viel für Hermann, aber raten kann und will er nicht; Gott allein kann da helfen. [...]

Schließlich fängt Hermann Hesse sich wieder, macht im Juli 1893 das »Einjährigen-Freiwilligen-Examen«, das der heutigen Mittleren Reife entspricht. Er will zwar auch noch das Abitur machen, das scheitert aber. Nach weiteren Irrungen und Wirrungen wird er schließlich Buchhändler in Tübingen und startet seine literarische Karriere in Basel mit der Veröffentlichung von Gedichten.

Wilhelmstraße 32

Wir gehen in der Brunnenstraße ein Stück weiter bis zum Gebäude der Brunnen-Realschule in der *Wilhelmstraße 32*. Hesses pietistisch gesinnte Eltern wollten »auf Teufel komm raus« vermeiden, dass ihr junger Filius seine poetische Ader auslebt; er sollte etwas Anständiges werden.

Zum Glück hat es sich inzwischen herumgesprochen, dass Gedichte nichts Unanständiges sind und nichts Zwielichtiges wie Drogenschmuggeln oder Waffenschieben. Nein, es regt die Kreativität an, die Lebensfreude und den Umgang mit der Sprache. Deswegen reist ein Stuttgarter seit Jahren in ganz

Deutschland herum und animiert Schüler zum Dichten. Sein Name: Harry Fischer aus Stuttgart-Gablenberg. So war er auch an der Brunnen-Realschule, also auf dem Schulareal, auf dem Hermann Hesse vor gut 120 Jahren still in der Pause vor sich hinsinnierte und reimte. Und was dichten die »Hermann-Hesse-Nachfolger«?

In der Brunnen-Realschule hatten die Schüler viel Freude mit dem »Lyrik-Animateur« Harry Fischer. Hier das Cover des kleinen Gedichtbandes mit Gedichten der Schüler der Brunnen-Realschule.

Ein normaler Tag

Ich stehe morgens auf,
Der Tag nimmt seinen Lauf.
Ich ziehe mich an, wie ich will,
Aber nie sehr schrill.
Jetzt schnell auf's Rad in Eile
Fahre ich Meile um Meile.
Endlich bin ich in der Schule
Setze mich auf meinem Stuhle.
Doch ist die Schule aus,
Renne ich schnell nach Haus.
Die Schule ist zwar schön,
Doch muss man jeden Tag hingehn?

(Alexander, Klasse 5a)

Das hat sich sicher schon so manche Schüler gefragt. Hier ein metaphysisches Gedicht:

Wie ist es im Himmel?

Wie ist es im Himmel?
Gibt es wirklich Engel?
Wie alle sagen?
Oder ist es nur eine Sage?
Das ist meine Frage.
Wenn wir nicht mehr leben,
Werden wir dann
Irgendwann mal da oben schweben?
Wer weiß das schon.
Doch der Himmel kann auf mich warten,
Denn ich möchte noch nicht gehen –
Noch ganz lange leben!

(Dimitra, Klasse 6b)

Viele hundert Schulklassen hat Harry Fischer mittlerweile besucht. Bei jedem Besuch in einer Schule entsteht ein gedruckter Gedichtband mit allen gedichteten Texten.

Werfen wir nun noch einen Blick links hinunter in die Wilhelmstraße, ohne aber in sie hineinzugehen. Dort finden wir eine genussvolle Kombination von Wein, Schokolade und Gesang. Auf der linken Seite befand sich in der *Wilhelmstraße 16* zehn Jahre lang die Fabrikationsstätte der Schokolade, die mit dem »Kurzgedicht« »Quadratisch – Praktisch – Gut« Furore machte. Hier war von 1920 bis 1930 die »Schokolade- und Zuckerwarenfabrik Alfred Ritter« ansässig. Drei Häuser weiter in der *Wilhelmstraße 10* wohnte seit 1878 für kurze Zeit der in Böblingen geborene Dichter und Oberamtsrichter Wilhelm Ganzhorn (1818–1880) mit seiner Familie. Sein bekanntestes Gedicht ist der Text zu dem Volkslied »Im Schönsten Wiesengrunde«. Als er von Neckarsulm, seiner vorherigen Dienststelle, nach Cannstatt kam, um das Haus zu besichtigen, spazierte er mit dem Gerichtsdiener sofort in den Keller, um den geeigneten Platz für seine zahlreiche Weinfässer zu begutachten. Als ihm auch noch die Wohnräume gezeigt werden sollten, hat Ganzhorn abgewinkt. Diese würden bei dem schönen Weinkeller schon recht sein, befand Ganzhorn. Also erst mal die Weinfässer unterbringen, dann die Familie. Wilhelm Ganzhorn war ein geselliger Mensch, besonders verbunden war er mit Dichterkollegen wie Ferdinand Freiligrath, Joseph Viktor von Scheffel und Theobald Kerner, dem Sohn Justinus Kerners.

Wilhelm Ganzhorn, Dichter und Oberamtsrichter, lebte in der Wilhelmstraße und war berühmt für die Schätze in seinem Weinkeller.

Thaddäus-Troll-Platz

Weiter geht es zum literarisch-stadtgeschichtlichen »Hotspot« von Cannstatt, dem Thaddäus-Troll-Platz mit dem »Klösterle«. Dazu überqueren wir die *Wilhelmstraße* und gehen auf der *Brunnenstraße* weiter. Diese stößt auf die Stadtkirche, an der wir rechts vorbeigehen. In der *Marktstraße* gehen wir nach rechts, bis wir kurz vor der Neckarbrücke links zum *Thaddäus-Troll-Platz* kommen, der mit einem gusseisernen Brunnen und einer Skulptur namens »D'r Entaklemmer« schön gestaltet wurde. Die Skulptur wurde zum 75. Geburtstag des Cannstatter Schriftstellers Thaddäus Troll (1914–1980) 1989 aufgestellt.

Thaddäus Troll, mit bürgerlichem Namen Hans Bayer, wuchs nicht weit von hier am anderen Ende der Marktstraße am Wilhelmsplatz auf, wo sich heute der »Kaufhof« befindet. Über die Cannstatter Marktstraße, seine Kindheit und die Eigenarten der Cannstatter hat Thaddäus Troll einst einen stimmungsvollen Text geschrieben:

Mein Elternhaus war ein Häuschen mit zwei Hausnummern, 9 und 11, in der Marktstraße, nur ein paar Schritte vom Wilhelmsplatz entfernt, der damals ein echter, wohlproportionierter Platz mit einem Brunnen in der Mitte war. Heute ist er zu einem scheußlichen Verkehrsverteiler umgestaltet. [...] In unserem Häusle war ein Laden, denn mein Vater übte den seltenen und altmodischen Beruf eines Seifensiedermeisters aus. Er hat noch selber Seife gesotten, aber die Siederei war in der Cannstatter Neckarstraße, der heutigen Voltastraße, inmitten von Großvaters Garten zwischen Gittersteg und Eisenbahnviadukt. [...] [Die Geschäftsleute in der Marktstraße] waren arbeitsame Leute, die so etwas wie das Patriziat von Cannstatt bildeten, angesehene und alteingesessene Familien. Aber da war ein Spielwarengeschäft, das hieß Glaser, und da war ein Weißwarengeschäft, das hieß Baitinger, und beide Inhaber waren sozialdemokratische Gemeinderäte. Das war erschreckend, denn »Sozialdemokrat« war damals für Bürger der Marktstraße geradezu ein Schimpfwort. Sozialdemokrat und Cannstatter: das schloß sich eigentlich gegenseitig aus. Man war auch kein Kickers-Anhänger, man war für den VfB; und man war nicht katholisch, sondern evangelisch. Man war eben in Cannstatt eines nicht: etwas Besonderes. Oft litt ich darunter, daß in unserer unmittelbaren Nähe viele wohnten, mit denen man nicht umging. Da war die Altstadt und die Spreuergasse, wo viele Fuhrleute und Boten mit ihren Pferden hausten. In der von Bad-, Brunnen- und Wilhelmstraße begrenzten Altstadt wohnten die Ur-Cannstatter: Handwerker, Wirte und Geschäftsleute. Eine Wirtschaft reihte sich an die andere, aber unter den gut drei Dutzend Wirtschaften gab es höchstens ein halbes Dutzend, in die man ging. Feine Leute wohnten in Alleen wie in der König- oder Karlstraße, heute König-Karl- und Daimlerstraße, in den Villen der Taubenheimstraße. Es waren Beamte, Akademiker, Ärzte. Für uns Kinder war das eigentlich nicht das echte Cannstatt. Am liebsten gingen wir zu den vielen Weingärtnern mit ihren alten traditionellen Namen wie Zaiss oder Blattner, mit denen ich auch um sieben Ecken herum verwandt bin.

Als Thaddäus Troll in den 1920er-Jahren in der Marktstraße aufwuchs, gab es ein schlimmes Schimpfwort unter den Cannstatter Bürgern: Du Sozialdemokrat!

Das Spielwarengeschäft Glaser gibt es weiterhin, in der Marktstraße 43. Das waren noch Zeiten, als »Du Sozialdemokrat!« ein Schimpfwort war! Das Denkmal für den »Entaklemmer« ist übrigens eine Hommage an das gleichnamige Werk Thaddäus Trolls, die Übersetzung eines Stücks des franzö-

Im »Klösterle«, dem ältesten Wohnhaus Stuttgarts, kommen Geist und Magen auf den Geschmack: Es gibt eine beliebte Weinstube und ausgezeichnete Ausstellungen im Stadtmuseum Bad Cannstatt.

sischen Dramatikers Molière ins Schwäbische. Weitere bekannte Werke von Troll sind »Deutschland deine Schwaben« oder »Wo kommet denn dia kloine Kender her?«.

Hinter dem Thaddäus-Troll-Platz steht ein vorbildlich restauriertes mittelalterliches Gebäude, das »Klösterle« in der *Marktstraße 71*. Dort finden Sie hinter der Weinstube das Bad Cannstatter Stadtmuseum. Es dokumentiert in einer Dauerausstellung die hiesige Ortsgeschichte. Sehr schöne Wechselausstellungen gehören auch zum Programm, so auch über Schriftsteller und Dichter. Im Jahr 2010 fand eine Ausstellung zum 200. Geburtstag des Dichters Ferdinand Freiligrath (1810–1876) statt, der einige Jahre bis zu seinem Tod in Cannstatt lebte und auf dem Cannstatter Uff-Kirchhof beerdigt wurde.

Der Freiheitsdichter Ferdinand Freiligrath, Mitarbeiter der »Rheinischen Zeitung« von Karl Marx und Friedrich Engels, verbrachte seine letzten Lebensjahre in Bad Cannstatt.

Nun stromern wir noch etwas am Neckar entlang. Da finden wir Strandbars mit Sandstrand und sehnsüchtige Dichter, die vom Neckar aus in die Ferne schweifen. Dazu gehen wir den Weg rechts am Klösterle vorbei, bis zur *Brählesgasse*, diese dann rechts und dann wieder ein Stück links. Hinter dem Hochbunker taucht die *Rosensteinbrücke* auf, die wir an der Fußgängerampel überqueren, um zum begrünten Neckarufer zu gelangen. Dort angekommen wählen wir nicht den Radweg nahe dem Ufer, sondern den Weg, der durchs Grün nach links leicht aufwärts ansteigt. Bald kommen wir zum *Spielplatz Seilerwasen* und schauen auf die andere Seite des Neckars zur Anlegestelle des »Neckar Käpt'n« und der Wilhelma. Kommen wir nun zu Anton Wilhelm Florentin von Millepatt. Er wohnt nicht weit entfernt auf unserer Seite des Flusses, doch ihn zieht es immer wieder zu einem magischen Ort jenseits, denn dort, wenn wir über den Neckar schauen, steht ja ein

Spielplatz Seilerwasen

Maurischer Garten

So fand ein König seinen Traum hier. Morgenländisch. Zierlich und kringelig und ein wenig unpassend an den behäbigen schwäbischen Hängen.

Ein kapriziöses Unterfangen nach europäischer Mode. Zarter freilich und ohne Musikgetöse wie das des Schwanenludwigs. Aber beiden Fällen gemeinsam die Unvereinbarkeit mit dem Habitus des Volkes.

War auch nicht gedacht für Normalsterbliche.

Es lebe der König!

Von oben nach unten: Belvedere, Lustschloß und Festsaal durch Wandelgänge verbunden und umrundet, Damaszenerhalle. Roter und gelber Sandstein in Streifen, Goldkuppeln mit Halbmonden darauf, Arabesken, Ebenholz, Perlmutter, Elfenbein und – damit der Hofstaat wandeln konnte unter Palmen – Glashäuser mit neuesten Gußeisenfiligran. Das mußte der König aus Gründen der Konstruktion auch sonntags fortlaufend zusammenfügen lassen. Da wollten ihm die Kirchenherren an die Majestät. Was er sich gefälligst verbat.

Der erste Weltkrieg öffnete das Exquisite dem Bürger. Hat bestimmt ein Mostkopf ›Alhambrale‹ gesagt.

Der zweite Weltkrieg machte es platt. Oktoberbombennacht. Danach Gemüsegarten und Rekonstruktion. Der Traum vom Traum. Buchstabengenau – hätte es sein müssen, konnten aber nicht lesen, verpfuschten es, die Sempel.

Millepatt auf seinem Posten segelt durch hundertsechzig Jahre Geschichte, als sei es ein Tag. Er fühlt sich wie ein König.

Der Stuttgarter Schriftsteller Christoph Lippelt lässt seinen Protagonisten Anton Wilhelm Florentin von Millepatt im Buch »In Banjos Schatten« durch das »Alhambrale«, sprich die Wilhelma, flanieren.

Wer ist denn Anton Wilhelm Florentin von Millepatt? Er sucht in dem Band »In Banjos Schatten« des Stuttgarter Schriftstellers Christoph Lippelt einen magischen Ort, an dem er über Steine, Pflanzen, Tiere, Menschen und sich selbst nachdenken kann. »Christoph Lippelt / ist wenn er nicht schnippelt / und ordiniert / aufs Dichten fixiert«, schrieb einmal in einem Vierzeiler der Autor und Künstler Reinhard Döhl. Lippelt ist 1938 in Braunschweig geboren und kam 1954 nach Cannstatt. Lange Jahre war er Oberarzt in der Hautklinik, an der wir unseren Spaziergang begonnen haben. Danach ließ er sich als Hautarzt in Winnenden nieder. Gedichte, Erzählungen und Romane schreibt er seit der Kindheit und während der Berufstätigkeit schrieb er eisern von vier bis sieben Uhr in der Frühe. 1986 wurde er mit dem Literaturpreis der Stadt Stuttgart geehrt.

Biergarten »Stadtstrand«

Wir gehen nun noch ein kleines Stück den Weg weiter und durchqueren den *Biergarten »Stadtstrand«*. Oberhalb der Holzbrücke sehen wir gegenüber Schloss Rosenstein und die Eisenbahnbrücke über den Neckar. Auch der regelmäßige Kneipengänger und »Heimatdichter« Bernd HARLEM Fischle muss gelegentlich mal an die frische Luft und an den Neckar und setzt sich in den Zug. Heraus kommt dabei der »Liebeszug den Neckar entlang«:

Liebeszug den Neckar entlang

Wenn ich von Stuttgart
zu Dir nach Reutlingen fahre
und mich nicht zufällig ein Bekannter
in meiner Fensterplatz-Ruhe stört,
jagen mir in Cannstatt die ersten Mineralbäder
einen eisenhaltigen Duft durch die Nase,
lerne ich 'mal spanisch, 'mal italienisch,
schlend're ich nach etwa zwölf Minuten
an Untertürkheimer Besenwirtschaften vorbei,
schreit mir die Bild-Zeitung
unversöhnlich »Todesstrafe« ins Gesicht,
winken mir zwischen Silos am Stuttgarter Neckarhafen
rostige Kräne ihre Wiedersehenswünsche zu,
treffe ich von Zeit zu Zeit
von Daimler Benz bis zur Esslinger Maschinenfabrik
auf streikende Metaller,
werde ich kurz vor Plochingen
durch ein tiefes »Fahrkarten bitte!«
aus meinem Halbschlaf gerissen,
habe ich es längst aufgegeben
nach dem Austreten
mit geballter Faust vor dem Toilettenspiegel zu stehen,
mache keinen Hehl mehr
aus meiner Gesinnung,
streife mit Hölderlins Oden
nochmals kurz Nürtingens Dächer,
fällt mir plötzlich mein Buch
auf den Fuß meines Gegenüber,
erinnert mich die Achalm
mit ihrer Blech-Standarte
aus der Ferne an Ritterschlachten und Herbstwinde,
stehen vor der Bahnhoftheke
die Arbeitslosen mit ihren Abendschnäpsen
und spülen sich den Vertröstungsstaub hinunter,
spinnen in meinen Gedanken
an der kleinen Echaz Reutlinger Weber,
um von den Nachfahren wenigstens
mit einer Straße geehrt zu werden,
denke ich an Dich,
und was noch aus uns werden kann,
wenn wir die Augen offen halten.

Bernd HARLEM Fischle, regelmäßiger Besucher der Kneipe »Biereck« in Cannstatt, beschrieb im Gedicht »Liebeszug den Neckar entlang« seine Zugfahrt von Stuttgart nach Reutlingen.

Es war 1977, als Bernd HARLEM Fischle diesen Text schrieb. Seit 1992 schreibt er alle drei Monate auf einer alten Kofferschreibmaschine (so nannte man einst den Vorgänger des Laptops) ein Hinterhofgedicht, »live« aus dem »Biereck« in der Marienbader Straße in Cannstatt. Vor zwei Jahren erschien eine Sammlung daraus unter dem Titel »Die Helden des Rückzugs«.

Aufgewachsen ist er im Stuttgarter Osten in Gaisburg und Ostheim. Seit 1986, nach einem USA-Aufenthalt, nennt er sich HARLEM, und er ist nicht nur »Heimatdichter«, sondern auch »Negerdichter«. Im »Biereck« trinkt er sein »DienstBier«, um die »Laberwerte« hochzuhalten.

Badstraße 35–37

Gehen wir nun vom schönen Seilerwasen, wo dermaleinst die Seiler Seile herstellten, auf der *Fußgängerbrücke* über die Schönestraße in die *Eisenbahnstraße*, dann links in die *Theobald-Kerner-Straße*, bis wir zur Rückseite des Rot-Kreuz-Krankenhauses in der *Badstraße 35-37* kommen.

Im Cannstatter Nobelhotel »Hermann« trank man im 19. Jahrhundert Champagner zum Kaviar und dann verlustierte man sich im Hotelgarten inmitten der »Hautevolée«.

Der französische Schriftsteller Honoré de Balzac (1799–1850) tauschte mit seiner Geliebten Ewelina Hanska »baisers de Cannstatt«, also Cannstatter Küsse.

Hier befand sich das berühmte Hotel »Herrmann«, ehemals eines der vornehmsten und bekanntesten Hotels in Württemberg. Ein Hotel mit 106 Zimmern, einem Speisesaal mit 300 Plätzen, einem Badhaus mit 33 Kabinen, einem Ballhaus mit zwei Tanzsälen im Garten und Stallungen für 110 Pferde samt Wagenremisen. Im Badegarten hinter dem Hotel, also zwischen heutiger Badstraße und dem Neckarufer, gab es Lusthäuschen, Rutschen, Schaukeln, ein Kegelspiel, ein Karussell und einen Schießstand. Sie sehen, es wurde gekurt mit allen Schikanen, da kann manches heutige Wellness- und »Spa«-Hotel glatt einpacken. Auf dem Jahrmarkt der Eitelkeiten fanden sich natürlich auch Dichter ein, um sich bewundern zu lassen. Berthold Auerbach (1812–1882), der Verfasser der »Schwarzwälder Dorfgeschichten«, kurte hier ab und zu, und 1870 brachten ihm begeisterte Cannstatter Bürger hier ein Ständchen dar. Der französische Schriftsteller Honoré de Balzac (1799–1850) schaute aus Frankreich mit seiner Geliebten herein und der heute vergessene deutsche Groß- und Lieblingsdichter des 19. Jahrhunderts Paul Heyse (1830–1914) war ebenfalls Gast im Hotel Hermann.

Badstraße 34

Durch den Durchgang des Krankenhauses kommen wir, auf der anderen Straßenseite, zur *Badstraße 34,* der Villa Schöne. In diesem Haus betrieb der Dichter und Arzt Theobald Kerner (1817–1907), Sohn von Justinus Kerner, ab 1856 für sieben Jahre eine galvano-magnetische Heilanstalt. Diese Heilmethode hat sich später als völlig wirkungslos herausgestellt. Falls sie auch damals schon nicht funktionierte, hatte Theobald Kerner eine andere Heilmethode zur Hand, wie er im folgenden »Trinklied« beschreibt:

Der Wirth, der hat ein Fäßlein,
Das hat so rothes Blut,
Das hat so starkes Fieber,
Lauft fast vor Hitze über,
Ein Aderlaß wär' gut.

Der Wirth, der ist nicht faule
Und zapft das Fäßlein ab:
»Ihr Herren Wohlgeboren,
Ihr lieben Herrn Doktoren,
O schaut das Blut euch an!«

»Das Blut ist sehr entzündet
Und schmeckt und schmeckt nach – mehr,
O köstliches Kurieren!
O herrlich Praktizieren!
Wer stets solch Doktor wär!«

Falls die Therapie Theobald Kerners in seiner galvanomagnetischen Heilanstalt in Cannstatt nicht weiterhalf, gab es laut seines Gedichts ein weiteres Heilmittel: Rotwein.

Manch einer vermutet ja schon lange, dass das eigentliche Cannstatter Heilgetränk gar nicht das Mineralwasser ist, sondern jenes, das an den Hängen des Neckars wächst …

Zurück zu den öffentlichen Verkehrsmitteln am Wilhelmsplatz gelangt man nun schnell über die Badstraße oder gemütlicher, indem man rechts hinter der Villa Schöne herumgeht, dann über die Straße *Im Hagelschieß*, die *Erbsenbrunnengasse* und, rechts, über die *Marktstraße* bis zum *Wilhelmsplatz* geht.

Wilhelmsplatz

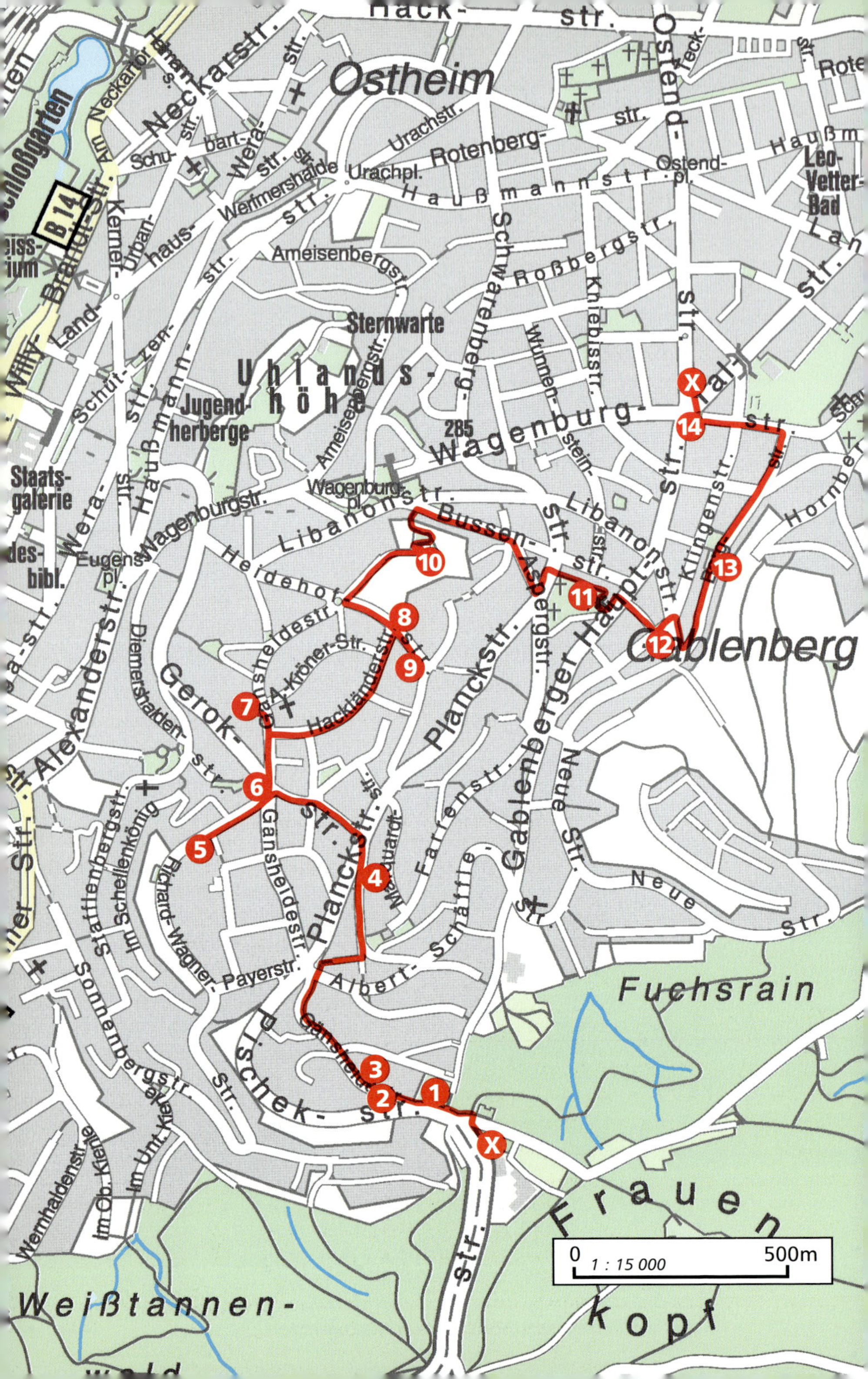

Ostheim
Schloßgarten
Neckarstr.
Am Neckartor
Urachstr.
Rotenberg-
Urachpl.
Werfmershalde
Haußmannstr.
Ostend-
Ostendpl.
Leo-Vetter-Bad
B 14
Ameisenbergstr.
Roßbergstr.
Schwarenbergstr.
Kniebisstr.
Sternwarte
Uhlandshöhe
Jugendherberge
285
Wagenburgstr.
Wagenburgpl.
Libanonstr.
Staatsgalerie
Alexanderstr.
Eugenspl.
Heidehofstr.
Gänsheidestr.
Hackländerstr.
Gerokstr.
Diemershaldenstr.
Bussenstr.
Aspergstr.
Planckstr.
Gablenberger Hauptstr.
Gablenberg
Klingenstr.
Hornbergstr.
Neue Str.
Payerstr.
Albert-Schäffle-Str.
Pischekstr.
Richard-Wagner-Str.
Stafflenbergstr.
Sonnenbergstr.
Im Schellenkönig
Fuchsrain
Frauenkopf
Weißtannenwald
Wernhaldenstr.
Im Ob. Kienle
Im Unt. Kienle
X
1
2
3
4
5
6
7
8
9
10
11
12
13
14
X
0
1 : 15 000
500m

Hymnen auf der Heide und Komiker am Klingenbach

Tour 6

Von der Geroksruhe nach Gablenberg

Auf einer Haide geschrieben

Wohl mir! daß ich den Schwarm der Thoren nimmer erblike,
Daß jezt unumwölkter der Blik zu den Lüften emporschaut,
Freier atmet die Brust, dann in den Mauren des Elends,
Und den Winkeln des Trugs. O! schöne, seelige Stunde!
Wie getrennte Geliebte nach langentbehrter Umarmung
In die Arme sich stürzen, so eilt' ich herauf auf die Haide,
Mir ein Fest zu bereiten auf meiner einsamen Haide.
Und ich habe sie wieder gefunden, die stille Freuden
Alle wieder gefunden, und meine schattigten Eichen
Stehn noch eben so königlich da, umdämmern die Haide
Noch in alten stattlichen Reih'n die schattigen Eichen.
[…]

(Friedrich Hölderlin)

Ob es uns so geht wie dem Hymnendichter Friedrich Hölderlin, wenn wir über die Gänsheide gehen? Endlich weg vom »Schwarm der Thoren« und den »Winkeln des Trugs«? Angeblich ließ sich Hölderlin zu diesen Zeilen auf der Gänsheide inspirieren. Schattige Eichen werden wir nicht finden, dafür aber schöne Villen, Ausblicke über die Stadt und Schriftsteller, Verlage und Künstler, die in dem Villenviertel wohnten oder ihre Romane und Gedichte hier ansiedelten. Dann geht es hinunter ins ehemalige Weingärtnerdorf Gablenberg. Hier erwarten uns zum Ausklang ein Komiker, ein Banküberfall und ein Friedhofsbesuch.

Haltestelle »Geroksruhe«

Aussichtspunkt Geroksruhe

Wir starten unsere Tour an dem Aussichtspunkt »Geroksruhe«. Dazu kreuzen wir, von der *Haltestelle »Geroksruhe«* kommend, die Fußgängerampel an der Straße *Waldebene Ost* und gehen dann weiter abwärts auf der rechten Seite der *Pischekstraße*. Rechts liegt eine baumbestandene Aussichtsfläche mit Sitzbänken. Der *Aussichtspunkt Geroksruhe* liegt

Albert Kappis: Herbst auf der Gänsheide im Jahre 1902.

oberhalb des Gebäudes mit dem markanten Zwiebelturm, der Gänsheidestraße 125. Von dort haben wir einen schönen Blick über den Stuttgarter Osten. Heute müsste man den Ort allerdings eher »Gerokslärm« nennen, denn Ruhe findet man bei dem vorbeidröhnenden Verkehr hier nicht mehr. Auf Anregung von Herzogin Wera wurde hier 1891 eine Aussichts- und Schutzhütte erstellt und diese nach dem in diesem Buch schon erwähnten Pfarrer und Dichter Karl Gerok (1815–1890) benannt. Karl Gerok war Oberhofprediger in Stuttgart und im

Hinfahrt	Stadtbahnlinie U15, Haltestelle »Geroksruhe«.
Rückfahrt	Buslinie 40, 42, 45 und 56, Haltestelle »Wagenburgstraße«.
Länge	5 Kilometer.
Dauer	2 ½ Stunden.
Besichtigung	MUSE-O Altes Schulhaus Gablenberg, Gablenberger Hauptstraße 130. Geöffnet bei Ausstellungen samstags und sonntags 14 bis 18 Uhr.
Einkehrmöglichkeiten	**Restaurant »Ilysia«**, Gänsheidestraße 41, Telefon (07 11) 23 31 21. **Wirtshaus »Hasen«**, Gablenberger Hauptstraße 91, Telefon (07 11) 46 47 00. **Weinstube »Träuble«**, Gablenberger Hauptstraße 66, Telefon (07 11) 46 54 28.

19. Jahrhundert in Deutschland weithin bekannt als geistlicher Dichter und Prediger. Wie viele andere Stuttgarter promenierte er damals gerne von der Gänsheide hinüber in den Bopserwald.

Aus der Geroksruhe wurde »Gerokslärm«. Wie das wohl der Namensgeber, der Dichter und Pfarrer Karl Gerok (1815–1890), finden würde?

Hören wir uns von hier eine Lobrede eines weiteren Theologen an. Der aus Hinterpommern stammende Adolf Zahn (1834–1900), der ab 1880 seine letzten Lebensjahre in Stuttgart verbrachte, schrieb in seinem Büchlein »Federzeichnungen aus der Umgebung von Stuttgart. Von einem Norddeutschen«:

Stuttgart besitzt eine Schönheit, um die es alle Städte Deutschlands beneiden können: Es ist die glückliche Verbindung der Straßen mit den Berghängen, die in dieselben hineinschauen und die Straßen kulissenartig abschließen. Die Talwände drängen sich überall in die Straßen hinein, lassen den Blick auf ihren saftig grünen Abhängen ruhen und geben einen ungemein panoramatischen, dekorativen Hintergrund. Freunde aus Norddeutschland haben dies immer ganz besonders bewundert und konnten sich bei längerem Aufenthalt nachher gar nicht mehr in die langweiligen und langdärmigen Städte der Tiefebene finden.

Wenn Stuttgart im Tal schon nicht immer »pan-aromatisch« ist, so doch wenigstens »pan-oramatisch«! Und es ist, da hat Adolf Zahn ja recht, nicht langdärmig, sondern eher »kurzdärmig« und verstopft.

Gegenüber der Aussichtsplattform befindet sich auf der anderen Straßenseite das Hotel »Geroksruhe« in der *Pischekstraße 70*. Es wurde 1880 als Ausflugsgaststätte mit Biergarten gegründet. In den 1950er-Jahren verirrte sich in dieses Hotel für ein paar Jahre der Schriftsteller und Übersetzer Hans Reisiger (1884–1968), ein enger Freund von Thomas Mann. Er lebte von 1946 bis 1956 in Stuttgart und arbeitete für den Rowohlt-Verlag und für den Verlag »Das Beste«. Reisiger war ein Mensch, der sich vollkommen dem »Geistigen verhaftet« fühlte und deswegen keinen Wert auf eine eigene Behausung legte. Lieber lebte er in Hotels. Als Thomas Mann 1949 und 1955 nach Stuttgart kam, freute er sich besonders auf ein Wiedersehen mit »Reisi«, wie Thomas Mann seinen langjährigen Freund aus Münchner Tagen liebevoll nannte. Wie erlebt ein so im Geistigen herumschwebender »homme de lettres« seinen Aufenthalt im Hotel »Geroksruhe«, an der oberen Hangkante der Gänsheide weit über der Stadt? Geradezu transzendent! In dem Bändchen »Neue Stuttgarter Skizzen« von 1964 findet sich folgende hymnische Beschreibung des nächtlichen Ausblicks:

Thomas Manns guter Freund Hans Reisiger, von ihm liebevoll »Reisi« genannt, war Schriftsteller und Übersetzer und lebte in den 1950er-Jahren lange im »Hotel Geroksruhe«.

Ich habe es erlebt, daß Besucher, die mit mir, ins Gespräch vertieft, aus dem kleinen Hotel da oben traten, wo ich wohnte, plötzlich, wenn sie den Kopf hoben, wie geblendet mitten im Satz verstummten und die Fortsetzung vergaßen.

Ein einziges, den Raum der Nacht füllendes, ineinander übergehendes Oben und Unten von Gottes- und Menschenlichtern, sozusagen. Das Untere natürlicherweise schärfer, funkelnder in dem ganzen Talkessel oder besser der riesigen flachen Pfanne bis an den Umkreis der sanften Höhenzüge, die man jetzt im Dunkeln nur an den über sie hin verstreuten Lichtern erkennt. Aber dadurch eben entsteht beim ersten Hinschauen der Eindruck, als höbe sich das irdische Gefunkel an seinem Saum den herabrieselnden zarteren Himmelslichten entgegen und vermischte sich mit ihnen wie in einer Begrüßung, Beschnupperung zweier goldner Herden, der unteren und der unabsehbaren oberen, die der große Hirte durch den Raum hin weidet, nach altvertrautem Bilde.

Hans Reisiger verstarb 1968 in Garmisch-Partenkirchen. Er übersetzte unter anderem Werke von Daniel Defoe, Rudyard Kipling, Mahatma Gandhi, Joseph Conrad und vielen anderen. Durch seine Übersetzungen machte er in Deutschland den großen amerikanischen Lyriker Walt Whitman bekannt.

Wir gehen nun von der Geroksruhe weiter die *Pischekstraße* abwärts und rechts in die *Gänsheidestraße.* An der Ecke Gänsheidestraße/Pischekstraße steht eine schöne Villa unter der Adresse *Gänsheidestraße 102*, die heute einen Waldorfkindergarten beherbergt. Hier wohnte seit den 1950er-Jahren bis

Gänsheidestraße 102

Max Bense, Philosoph, Professor an der Stuttgarter Universität und Dozent an der Hochschule für Gestaltung in Ulm, schrieb ein Lautgedicht zur 400-Jahr-Feier Rio de Janeiros.

in die 1970er-Jahre der Philosoph, Schriftsteller und Dichter Max Bense (1910–1990) mit seiner zweiten Frau und den vier Kindern. Bense war Professor für Philosophie und Wissenschaftstheorie an der Technischen Hochschule (später: Universität) Stuttgart und lange Jahre einer der wichtigsten Personen des Stuttgarter Geisteslebens. Er gab diverse Zeitschriften heraus, organisierte Kunstausstellungen und hatte Kontakt mit zahlreichen Schriftstellern in Stuttgart, in Deutschland und im Ausland. Bense fühlte sich der »literarischen Moderne« verpflichtet, dazu gehörte damals auch die sogenannte »konkrete Poesie«. Dabei wird mit der Sprache selbst als Material herumgespielt, manchmal auch grafisch. Zur 400-Jahr-Feier Rio de Janeiros im Jahr 1967 erschien von Bense folgender Plakatdruck:

ir

o
rio
roi
oro
orior
orion
rionoir
ronronron

ri

Was will uns der Dichter damit sagen? Ein Gedicht in Turmform? Rio bei Nacht? Das Gold Rios? Das Sternzeichen Orion über der Stadt? Ein Interpret meinte folgendes zu erkennen: »O Rio! Königin der Städte, Gold Brasiliens, o Rio-er, Bewohner Rios! Rio bei Nacht, unterm Sternzeichen des Orion, diesen Turm aus Eisen, dieses Riesenrad aus Buchstaben errichte ich dir zur Ehre!« Oder ist alles »Ir-o-nie« oder »Ir-ronronron-ri«? Denken Sie mal darüber nach.

Wenn Sie so weit sind, schauen Sie sich gegenüber in der *Gänsheidestraße 119* die »Keimzelle« der Privatschule Merz an. Diese Reformschule wurde 1918 von dem Architekten, Lehrer, Dichter und Erfinder Albrecht Leo Merz (1984–1967) als »Werkhaus Merz« gegründet. Er wollte theoretisches Schulwissen mit praktischer Tätigkeit verbinden und integrierte deswegen sechs Meisterwerkstätten in die Schule. Heute gehören zur Merz-Schule ein Kindergarten, eine Grundschule und ein Gymnasium, deren Gebäude sich an unserem Startpunkt, der

Gänsheidestraße 19

Stadtbahnhaltestelle »Geroksruhe«, befinden. Das ehemalige Restaurant »Frauenkopf« mit dem markanten Zwiebeltürmchen, an dem wir eben vorbeigegangen sind, ist heute ein Internat der Merz-Schule. Eine weitere Gründung von Albrecht Leo Merz war die Merz-Akademie in Stuttgart-Berg, eine private Hochschule für Gestaltung, Kunst und Medien. Wie Albrecht Leo Merz die praktische Werkstatt erlebte, verrät ein Gedicht mit dem Titel »Die Werkstatt«:

Die Werkstatt

Welch festliches Getöse schwillt
in dieser jauchzend ungestümen Welt,
die durch des niederen Tores
knarrendes
bedächtiges Aufgehn
willig sich erschließt. –

O! –
all der Hämmer fröhlich lautes Gehn,
der schnellen Meißel spaltend schrilles Schrein,
der Punzen polterndes Geläuf! – –
Das schwingt und singt und dröhnt und braust:
Aus tatenfrohen Wirkens siegendem Geschehn,
aufrauscht,
wie Spiel von mächtig tönenden Registern
mit Grundgewalt
jungen Metalls
unendlich reicher,
vielgestufter Hochgesang.

Orgel der Arbeit ! – –
Symphonie der Werkzeug-Schar,
die sich,
von kundigen Händen
meisterlich geführt,
jubelnd erfüllt! – –
[...]
So rauscht kein Wasser, braust kein Sturm; –
der Aufruhr keines Meeres, kein Lawinensturz
hat diesen seltenen hochgestimmten Klang:

Orgel der Arbeit
Symphonie des heiligen Werks!

Ich selbst hatte einmal das Vergnügen, in einem »Grundpraktikum« wochenlang an einem sogenannten metallenen U-Stück herumzufeilen. Wenn ich dieses Gedicht von Merz gekannt hätte, wäre ich natürlich mit mehr Inbrunst an mein heiliges Werk gegangen.

Mit leisem, aber vielgestuftem Hochgesang gehen wir weiter hinunter die Gänsheidestraße und überqueren die *Albert-Schäffle-Straße* an der Fußgängerampel. Dann geht es die *Planckstraße* auf der rechten Seite wenige Meter abwärts und dann die Treppe rechts hinunter in den *Braunweg*. Unten angekommen gelangt man links herum in die *Traubergstraße 15*. An dem Haus befindet sich eine Gedenktafel. Den Autor Thaddäus Troll, den wir dort gewürdigt finden, hatten wir zwar schon ausreichend im Kapitel über Bad Cannstatt vorgestellt, nun sehen wir aber den Ort, an dem der gebürtige Cannstatter im »traurigen Exil« in Stuttgart lebte. Und nicht nur mancher Cannstatter fühlt sich in Stuttgart im Exil, sondern viele Stuttgarter überhaupt, wie Troll in seinem Text »O Heimatland« beklagt:

Trauberg-
straße 15

[…]
en Schtuagert hent se aus de alte plätz
verkehrsvertoiler gmacht. zwoi tiafe schluchta
durch da schtadtkern gschlaga mo koi
autofahrer woiß
wia neikomma wia nauskomma
ond koi passant wia durchkomma ond so isch
etzet älles so verkomma daß d Schtuagerter
hoimetvertrieba gern aus Schtuagert flichtet.
[…]

Wir »flichten« nun zur Villa Reitzenstein, dem Sitz der baden-württembergischen Landesregierung. Dazu gehen wir die *Traubergstraße* weiter, überqueren die *Planckstraße*, gehen in die *Gerokstraße* und überqueren die *Gänsheidestraße.* Danach führt der Weg weiter in die *Richard-Wagner-Straße*. Nach einigen Metern erreichen wir auf der linken Seite das Staatsministerium in der *Richard-Wagner-Straße 15.*

Richard-Wagner-
Straße 15

Die Villa hat ja von innen und außen so manches Interessante zu bieten, aber wussten Sie, dass sich auch die Erstausgabe des Kinderbuchs »Die Biene Maja« von Waldemar Bonsels aus dem Jahr 1912 dort befindet? Nun, das liegt nicht am ökologischen Programm der Regierung, sondern an der Buchhandels-Vorgeschichte der Villa. Bauherrin war Helene von Reitzenstein (1853–1944), geborene von Hallberger. Ihr Vater war der reiche

Die Villa Reitzenstein, hier rechts oben auf einer Postkarte aus dem Jahr 1914, ist Sitz der Landesregierung Baden-Württembergs, bietet aber auch Literarisches.

Verleger und Multiunternehmer Eduard von Hallberger. Als er starb, erbten seine Töchter das ganze Imperium, unter anderem die Deutsche Verlags-Anstalt, auch DVA genannt. Dieser Verlag befand sich bis vor seinem Umzug nach München im Jahr 2000 in Stuttgart. 1922 verkaufte Helene von Reitzenstein die Villa an den württembergischen Staat mit der Auflage, dass jede erste Ausgabe eines Buches der DVA Eingang in die Bibliothek der Villa finden sollte. So steht dort nun neben politischen Werken und Gedichtbänden auch die »Biene Maja«.

Begeben wir uns jetzt mitten ins Zentrum der politischen Macht Baden-Württembergs, ins Amtszimmer des Ministerpräsidenten in der Villa Reitzenstein. Gerade hat der neu gewählte Ministerpräsident die Räumlichkeiten und das Mobiliar des Vorgängers inspiziert und sein harsches Urteil lautet:

Der ganze alte Scheiß fliegt raus!

Oskar Spechts Arm sichelte waagrecht durch die Luft.

Es gibt ein hübsches Programm von Knoll International. Schreibtischplatte und Stühle dunkelrot, verchromter Stahl dazwischen, der Couchtisch wesentlich niedriger wie dieses Monstrum und mit weißem Marmor eingelegt. Bei Tramp in seinem Büro steht so'ne Garnitur. Würde hier reinpassen, was meinst Du?

Kann ich mir gut vorstellen, antwortete Tom Wiener. In dem Gerümpel hier könnte ich's jedenfalls keine Woche aushalten. Da muss man ja den Draht zum normalen Leben verlieren. Das muffige Mobiliar zeigt die ganze Verkrustung des Alten!

Mein Gott, was habe ich in diesem Raum schon gelitten! Breisinger immer dort auf dem Sofa, genau in der Mitte, das Kreuz stocksteif durchgedrückt, vor sich auf dem Tisch eine Akte, auch wenn er gar keine brauchte, und dann dieses Ich-bin-aber-der-Ministerpräsident-Gesicht. Immer hoheitsvoll und immer beleidigt. Warnt mich rechtzeitig, bevor ich auch so werde!

Wiener und Gundelach lachten. Nein, diese Vorstellung lag zu fern, um ernstgenommen zu werden: Oskar Specht in der Pose des unnahbaren Landesvaters. Wie er dastand, angelehnt an den ungeliebten Empire-Schreibtisch, Hände in den Hosentaschen, Beine übereinandergeschlagen, fröhlich und pfiffig, dabei vor Unruhe bis in die Fußspitzen wippend, glich er einem Manager, der, kaum das er eine Firmenübernahme abgeschlossen hat, schon die nächste plante.

Nun, falls es sich wirklich so abgespielt haben sollte, ist es zugegebenermaßen schon etwas länger her, sagen wir mal 1978. Und der neue Ministerpräsident Oskar Specht alias Lothar Späth, auf den hier angespielt wird, ist natürlich auch schon längst nicht mehr im Amt. Der Roman »Monrepos oder die Kälte der Macht«, von Manfred Zach, 1996 erschienen, beschreibt das Innenleben der Stuttgarter Regierungszentrale unter Ministerpräsident Breisinger alias Hans Filbinger und Lothar Späth. Zach, der hier als Bernhard Gundelach auftritt, leitete damals das Grundsatzreferat im Staatsministerium, während dieser Zeit war er auch als Ghostwriter für Späth tätig. Andere Personen, die im Roman auftauchen, sind Tom Wiener alias Matthias Kleinert, der unter Späth Regierungssprecher war, und der damalige Kultusminister Gerd Müller-Prellwitz alias Gerhard Meyer-Vorfelder.

Wenn Sie mit Friedrich Hölderlin noch einmal den »Schwarm der Thoren« und den »Winkel des Trugs« unten in der Stadt betrachten wollen, empfiehlt sich dazu der imposante Blick von der *Wieland-Wagner-Höhe*, auf die man hundert Meter weiter entlang der Richard-Wagner-Straße auf der rechten Seite trifft. So mancher vermutet den »Schwarm der Thoren« allerdings eher hier oben in unmittelbarer Nähe …

Wir gehen nun die *Richard-Wagner-Straße* wieder zurück zur Kreuzung mit der *Gänsheidestraße*. Linker Hand sehen wir eine Stele für Albrecht Goes (1908–2000) mit dem Text des Gedichtes »Sieben Leben«. Es ist das einzige Dichterdenkmal im Stuttgarter Osten, und das für einen Dichter, der gar nicht hier wohnte. Goes hat aber seit den 1950er-Jahren bis in die 1970er-Jahre jeden Monat in der benachbarten Christuskirche gepre-

Im Jahr 2000 wurde auf der Gänsheide eine Stele im Andenken an den Dichter Albrecht Goes eingeweiht.

digt. Augenzeugen berichten, dass die Predigten von Goes ein regelrechtes Schauspiel waren: Er predigte mit einem solchen Temperament, dass man Angst hatte, er fällt von der Kanzel herunter.

Albrecht-Goes-Platz

Am Straßenschild der Richard-Wagner-Straße beim *Albrecht-Goes-Platz* weist übrigens eine kleine Tafel daraufhin, dass diese Straße bis 1933 Heinrich-Heine-Straße hieß.

Auf der anderen Straßenseite befindet sich in der *Gänsheidestraße 41* das Restaurant »Ilysia«. Schon 1875 stand an gleicher Stelle die »Restauration zum Bubenbad« mit großer Gartenterrasse als eine der ersten Gebäude auf der Gänsheide. »Bubenbad« heißt ja heute auch noch die Stadtbahnhaltestelle hier. Benannt hatte sich das Lokal nach einem Teich in der Nähe, in dem früher die Buben herumplantschten und Frösche und Salamander fingen.

Unter gleichem Namen wurde die Gaststätte nach dem Zweiten Weltkrieg wieder aufgebaut. Sie entwickelte sich daraufhin zu einem beliebten Künstler- und Prominententreffpunkt des »Baumeister-Kreises« um den bildenden Künstler Willi Baumeister (1889–1955), dessen Atelier sich ganz in der Nähe in der Gerokstraße 39 befand. Baumeister sammelte in der Gaststätte allabendlich illustre Gestalten um sich, sei es der berühmte Designer Wilhelm Wagenfeld (1900–1990), der Schriftsteller und Gerichtsreporter Herrmann Mostar (1901–1973) oder der Nervenarzt und Filmemacher Ottomar Domnick (1907–1989), dessen Klinik um die Ecke in der Gerokstraße 65 lag. Auch die Verleger Gert Hatje und Heinrich Maria Ledig-Rowohlt schauten vorbei. Letzterer dichtete kühn: »Da war gewiss kein Abend fad / Mit Baumeister im Bubenbad.«

Herrmann Mostar, der nach dem Zweiten Weltkrieg lange Jahre in Stuttgart lebte, kennt heute niemand mehr. Er war in der Nachkriegszeit einer der bekanntesten Gerichtsreporter Deutschlands. Im »Süddeutschen Rundfunk« hatte er jeden Freitag eine Sendung und in der »Stuttgarter Zeitung« eine große Kolumne. Später wandte sich Mostar als ein »Verwandter« von Kurt Tucholsky und Erich Kästner der kleinen Form zu und schrieb humoristische Prosa und Verse, so zum Beispiel gereimte Aufklärungslyrik. 1962 sollte er den Eröffnungsvortrag auf der Frankfurter Buchmesse halten. Mostar spottete in diesem Vortrag in Reimform von den »kranken Autoren«, die aus einem Zwang heraus meinen, die Welt mit ihrem Geschreibsel beglücken zu müssen. Und die Verlage helfen den Autoren auch noch dabei, so Mostar:

Doch leider, leider gibt es Herren,
Die, statt den Autor einzusperren,
Noch Vorteil ziehn aus seinem Wahn
Und sich ihm als Versucher nahn:
»Warum, mein Lieber, so bescheiden?
Warum verstecken Sie ihr Leiden?
An Ihrer Krankheit, sag ich Ihnen,
Da können Sie sogar verdienen!«
Der Autor, wenn auch Idealist,
Wehrt sich nur scheinbar und auf Frist:
Empfand er es bisher als Pein,
Stets arm und drum im Druck zu sein,
Jetzt rufen sie's ihm ins Bewußtsein:
Im Druck zu sein, kann Lust sein!
Wenn sie ihn eine Zeit beknieten,
Erliegt er seinen Parasiten.
Kurzum, er ist, halb wider Willen,
Nur der Erreger der Bazillen,
Hingegen tragen die Verbreiter
Die Infektion freiwillig weiter –
Und diese Art Bazillenträger
Nennt man Verleger.

Der Publizist und Autor Herrmann Mostar schrieb ein flapsiges Gedicht zur Eröffnung der Frankfurter Buchmesse 1952 und wurde prompt wieder ausgeladen.

Das ist aber nicht nett! Das dachte sich auch der Börsenverein des Deutschen Buchhandels und Herrmann Mostar wurde wieder ausgeladen, weil das gereimte Vortragsmanuskript bekannt wurde.

Gänsheide-straße 26

Dann gehen wir doch nun gleich einmal zu einem Unternehmen, das eine Reihe »Bazillenträger« unter seinen Fittichen hat und dessen Gebäude in der *Gänsheidestraße 26* steht, genau gegenüber der Christuskirche. Wissen Sie, zu welcher Verlagsgruppe der S. Fischer Verlag, der Rowohlt-Verlag, Kiepenheuer & Witsch, Droemer-Knaur und der Stuttgarter Metzler-Verlag gehören? Und auch zahlreiche Zeitungen wie die Wochenzeitung »Die Zeit« und mehrere lokale Blätter?

Nun, Sie stehen ja wahrscheinlich schon davor: Es ist die Verlagsgruppe Georg von Holtzbrinck. Im Eingangsbereich sieht man ein dickes Rhinozeros; sicher ein eindrucksvolles Sinnbild für das Gewicht dieses Unternehmens. Sie können übrigens auch Ihren Partner mit Hilfe von Holtzbrinck suchen oder Ihren Handwerker, denn unter anderen gehören auch die Internetportale »Parship.de« und »Myhammer.de« dazu. Der Grundstein der Firma war die »Stuttgarter Hausbücherei«, gegründet 1948 von Georg von Holtzbrinck. Heute hat das Unternehmen über 16 000 Mitarbeiter und einen Jahresumsatz von über rund zwei Milliarden Euro. Heinrich M. Ledig-Rowohlt hat vielleicht 1982 beim Verkauf des Rowohlt-Verlages an

Im Eingangsbereich dieses Gebäudes steht ein dickes Rhinozeros; sicher ein eindrucksvolles Symbol für das Gewicht des Hausherrn, der Verlagsgruppe Georg von Holtzbrinck.

Holtzbrinck gereimt: »Mir reicht es nun, alles ist fad / meinen Verlag kriegt Holtzbrinck beim Bubenbad«.

Weiter geht es, indem wir ein kleines Stück zurück- und dann nach links gehen, an der Kirche vorbei, in die *Hackländerstraße* »mitten ins Herz« der Gänsheide hinein. Hier finden sich noch geheimnisvolle Logen und schöne Villen in ruhiger Lage, es sei denn, die Schüler des Heidehof-Gymnasiums gehen lärmend zur Stadtbahnhaltestelle.

Heidehofstraße 31

An der Ecke Gänsheidestraße/*Heidehofstraße* stehen wir nun vor dem pompösen Tor der Bosch-Villa in der *Heidehofstraße 31*, die 1909/1910 erbaut wurde. Ursprünglich gehörte dieses Gelände aber keinem Unternehmer, sondern einem – Schriftsteller! Als erstes Wohngebäude auf der Gänsheide ließ sich 1847 der in Burtscheid im Rheinland geborene Modeschriftsteller Friedrich Hackländer (1816–1877) hier ein »Haidehaus« errichten. Hackländers Schriftstellerkunst ist tatsächlich etwas aus der Mode geraten. Er verwandelte alles, was er tagtäglich erlebte, in gedrucktes Papier und schuf ein Riesenwerk, wurde zum meistgelesenen Schriftsteller seiner Zeit und ist heute völlig vergessen. Hören Sie als Beispiel den Beginn

An der Stelle der Bosch-Villa stand im 19. Jahrhundert ein Landhaus des in Burtscheid bei Aachen geborenen Schriftstellers Friedrich Hackländer.

seiner Novelle »Haidehaus«. Darin beschreibt er ausführlichst, wie gerne er sich mit dem benachbarten tannenbewachsenen Hügel unterhält:

Wenn ich im Buche meines Lebens blättre, was häufig und gerne geschieht, so tue ich das am liebsten auf einem Plätzchen, welches für mich zu diesem Zwecke ganz besonderen Reiz hat. Dieses Plätzchen ist auf einer geräumigen Altane eines kleinen Landhauses, ein lauschig heimlicher Winkel. Auf einer Seite von der Hauswand gebildet, auf der andern von Schlingrosen geschützt, lässt es mir eine freie Übersicht über Berg und Tal, Fluss, Wald und Feld, was sich alles wie eine Landkarte vor mir ausbreitet. Das kleine Landhaus, von dem ich soeben gesprochen, liegt auf der Höhe des Berges, beinahe auf der höchsten Höhe. Nur gegen Süden steigt er noch um einige hundert Fuß mehr empor und ist dort mit dunkelgrünen Tannen bewachsen, ein reizender Anblick, im Frühling durch die neusprossenden Nadeln hellgrün getupft, sonst so still und schweigsam wie ein ernster Freund, gegen den man gerne in Gedanken sein Herz ausschüttet und der uns dabei durch seine Ruhe und seinen Ernst so tröstend anblickt. Abends, wenn die Sonne sinkt, ruhen ihre letzten Strahlen wie Goldschaum auf den Spitzen der schwarzen Tannen, und dann scheint der alte Freund uns mild lächelnd gute Nacht zu sagen. Nach erquickendem Sommerregen spendet er uns die würzigsten Düfte und ist auf diese Art der angenehmste und freundlichste Nachbar, den man sich vorstellen kann.

Unter der Benennung »Landhaus« muss sich der geneigte Leser übrigens kein kostbares Bauwesen vorstellen, ein Gebäude, von dem man poetisch sagen könnte: »auf Säulen ruht sein Dach«, oder: »weithin schimmern seine Zinnen«, – nichts dergleichen!

Was sich allenfalls von diesem kleinen Landhaus aus der Ferne erblicken lässt, ist ein hohes und langes von glänzendem Schiefer bedecktes Dach, unter dem wir alle Behaglichkeit, und nicht ohne den notwendigen Komfort dieses Lebens, zu finden so glücklich sind.

Hackländer kam 1840 mittellos nach Stuttgart, um hier sein »Glück« zu machen. Er lernte Heinrich Moritz, den Regisseur des Stuttgarter Hoftheaters, kennen, der ihn in die Stuttgarter Künstler- und Hofkreise einführte. Dabei kam er in Kontakt mit dem königlichen Oberstallmeister Baron Wilhelm von Taubenheim. Flugs nahm der ihn mit auf eine Orientreise, um für den König Araberpferde zu beschaffen. Über Wien, Bukarest,

Friedrich Hackländer machte in Württemberg eine atemberaubende Karriere.

Istanbul, Zypern, Beirut, Jerusalem führte der Weg schließlich nach Ägypten. »Hack«, wie ihn seine Freunde nannten, zeigte sich auf der Reise als talentierter Reiter und Pferdepfleger. Vom König bekam der 25 Jahre alte »Schnösel« nach der Rückkehr für die erfolgreiche »Pferde-Shoppingtour« einen Brillantring.

Hackländer war erfolgreich mit seinen Erzählungen »Bilder aus dem Soldatenleben im Frieden«, die im Cotta-Verlag erschienen, ebenso veröffentlichte er zahlreiche Berichte seiner abenteuerlichen Orientreise mit Baron von Taubenheim. Als Hackländer 27 Jahre alt war, ernannte ihn König Wilhelm I. zum Privatsekretär und Reisebegleiter seines Sohnes, Kronprinz Karl.

Was sagen Sie zu einer solchen Karriere? Das nennt man auf Neudeutsch »netzwerken«!

Schließlich wurde er 1860 auch noch Leiter der Bau- und Gartendirektion der Residenzstadt Stuttgart. Legen Sie doch in dem Zusammenhang bitte beim nächsten Gang über den Stuttgarter Schloßplatz eine Gedenkminute für dieses rheinländische »Cleverle« ein. Denn als Leiter der Bau- und Gartendirektion Stuttgarts war er maßgeblich verantwortlich für die Umgestaltung dieses Platzes von einem reinen Exerzierareal der Armee zu einem richtigen städtischen Flanierplatz. Er sorgte für die Verdolung des Nesenbachs, initiierte die Aufstellung der Springbrunnen auf dem Schloßplatz in Anlehnung an die Brunnen auf dem Petersplatz in Rom. Die alte Markthalle wurde gebaut und nach den Plänen von Hackländers Freund Christian Friedrich Leins schließlich auch der Königsbau. Hackländer starb 1877 in seiner Villa am Starnberger See und ist auf dem Stuttgarter Pragfriedhof beerdigt.

In den Räumlichkeiten der heutigen Bosch-Villa und im neuen modernen »Haus Heidehof« rechts daneben hat die Robert-Bosch-Stiftung ihren Sitz, die neben zahllosen anderen Aktivitäten jedes Jahr den Adelbert-von-Chamisso-Preis für deutschsprachige Autoren nichtdeutscher Herkunft vergibt.

Heidehofstraße 40

Nach dem ausschweifenden Leben und Streben des vergessenen Friedrich Hackländer werfen wir noch einen Blick auf das Gebäude *Heidehofstraße 40*, ein kleines Stück rechts der Ecke Hackländerstraße/Heidehofstraße. Seit 1948 wohnte in diesem Haus bis zu seinem Tod der Verleger Gerd Hatje. Hatje (1915–2007) kam als Fünfzehnjähriger nach Stuttgart, wo er eine Lehre als Schriftsetzer absolvierte. Im November 1945 konnte Hatje eine Lizenz zur Gründung des Humanitas Verlags in Stuttgart erwerben. Zum Verlagsprogramm zählten zunächst noch Novellen, Romane und Stücke der Weltliteratur. Eine wichtige »Brotveröffentlichung« war in der Anfangszeit der »Radiospiegel«, eine Funkzeitschrift, die das Geld für die ambitionierten Projekte erbrachte. 1947 wurde das Verlagshaus in Verlag Gerd Hatje umbenannt und entwickelte sich fortan zu einem der international renommiertesten Verlagshäuser für Kunst, Fotografie und Architektur. Bis 1958 befanden sich auch die Verlagsräume in der Heidehofstraße. 75-jährig verkaufte Gerd Hatje 1990 seinen Verlag an die Dr. Cantz'sche Druckerei. Der Verlag firmiert seit 1999 unter dem Namen Hatje-Cantz-Verlag.

Links neben dem Haus im dazugehörigen Garten befand sich ehemals ein Schwimmbad, ausgestattet mit Druckgrafiken

Im hier abgebildeten Haus Hohengeren 9 befand sich in den 1940er-Jahren der Rowohlt Verlag.

und Plastiken. Es wurde mittlerweile abgerissen und durch einen wuchtigen Neubau ersetzt. Falls Sie übrigens einmal anderweitig durch die Gänsheide schlendern, werden Ihnen vielleicht viele Straßen auffallen, die nach Verlegern benannt wurden, sei es die Adolf-Kröner-Straße, der Engelhornweg, der Rösslinweg, die Spemannstraße oder die Schönleinstraße.

Unser Weg führt uns nun wieder die *Heidehofstraße* zurück, immer entlang des Geländes der Villa Bosch bis zur Ecke Heidehofstraße/Hugo-Eckener-Straße. Die *Hugo-Eckener-Straße* gehen wir rechts hinein. Über die Mauer hinweg erhascht man immer wieder einen schönen Blick auf die Villa Bosch. Am Ende des Wegs gelangen wir zum *Aussichtspunkt Straußstaffel*, von dem man einen schönen Blick auf die Uhlandshöhe und den Stuttgarter Osten hat. Hier wollen wir zwei weitere literarische Stätten in Augenschein nehmen. Das erste wichtige Gebäude befindet sich auf halber Höhe am links abfallenden Teil der Uhlandshöhe. Dort sehen wir ein Haus unterhalb eines

Aussichtspunkt Straußstaffel

weitaus größeren Gebäudes. Der kleine Kamin sitzt am vorderen Ende des Dachfirsts und links vorne sieht man ein eckiges Zwerchdach mit drei Fenstern.

Dort befand sich ab 1945 bis 1949 eine der Niederlassungen des Rowohlt Verlags unter der Adresse Hohengeren 9. Der Sohn des Verlagsgründers Ernst Rowohlt, Heinrich Maria Ledig-Rowohlt (1908–1992), verlegte hier nach dem Zweiten Weltkrieg wieder die Werke von Heinrich Heine, Erich Kästner, Joachim Ringelnatz und Kurt Tucholsky. Zwei neue erfolgreiche Produkte entstanden ebenfalls hier: Die Jugendzeitschrift »Pinguin« mit dem Herausgeber Erich Kästner und die »Rowohlts-Rotations-Romane«, gedruckt auf Zeitungspapier, in riesigen Auflagen und für wenig Geld. 1950 wurde die Stuttgarter Niederlassung mit den Gründungen des Vaters Ernst Rowohlt in den anderen Besatzungszonen vereinigt und der Verlag verlegte seinen Sitz nach Reinbek bei Hamburg. Ledig-Rowohlt führte die »Ro-Ro-Ro«-Romane ab 1950 erfolgreich als Taschenbücher weiter.

Wir lassen unseren Blick nun etwas nach rechts schweifen und sehen übereinander zwei Spitzen in die Höhe ragen: Die Lukaskirche in Ostheim und darüber den Kraftwerksschornstein in Stuttgart-Münster. Links davon, das auffallende Hochhaus mit den Satellitenschüsseln auf dem Dach hinter der Realschule Ostheim, ist das Gebäude des Südwestrundfunks. Hier sei nun an die »legendäre« literarische Vergangenheit des SWR respektive des Vorgängers Süddeutscher Rundfunk erinnert.

Martin Walser, hier auf einem Bild aus den 1960er-Jahren, liebte beim Rundfunk die Käuze, die entlaufenen Internatsvorsteher, die verhinderten Bischöfe und Pfeife rauchende Anarchisten …

Der damalige SDR mit seinem Gebäude in der Neckarstraße 145 war nach dem Zweiten Weltkrieg Tummelplatz für junge, hoffnungsvolle Schriftsteller. Autoren wie Günter Eich oder Ingeborg Bachmann machten die Hörspiele des SDR berühmt, der Mitbegründer der berühmten Schriftstellervereinigung »Gruppe 47«, Alfred Andersch (1914–1980), entwickelte eine avantgardistische Radiosendung namens »Radio-Essay«. Dabei zur Hand gingen ihm wiederum Autoren mit klangvollen Namen wie Hans-Magnus Enzensberger und Helmut Heißenbüttel.

Auch Martin Walser, 1927 in Wasserburg am Bodensee geboren und heute einer der renommiertesten Schriftsteller Deutschlands, ließ sich beim SDR gerne von seinem Germanistik-Studium in Tübingen abhalten und flitzte ab 1949 lieber als rasender Reporter durchs Ländle, schrieb Hörspiele und baute mit anderen das Fernsehen beim SDR auf.

Über seine Zeit beim Süddeutschen Rundfunk hat Walser in einem Text einmal schöne plastische Worte gefunden:

Mir sind die Funkhäuser schon damals, als der Rundfunk noch das Medium der großen Öffentlichkeit war, ein bißchen verwunschen vorgekommen. Diese stillen Büros, an ebenso stillen Gängen, die fast sakral wirkenden Studios mit den weiß gekleideten Cutterinnen, die dort als Ministrantinnen fungierten. [...] Privatgelehrtenhafte Redakteure, die aufstanden, wenn man in ihr Büro trat; die einen zu dem Stuhl führten, der vor ihrem Schreibtisch stand, die dann um ihren Schreibtisch herum, zurück zu ihrem Stuhl gingen, sich setzten, einen anschauten, als wäre man der lang ersehnte Besuch, der jetzt, woran sie schon fast nicht mehr geglaubt hatten, doch noch eingetroffen war. [...]

Denn diese privatgelehrtenhaft wirkenden Rundfunkredakteure des Nachtprogramms –

Nachtprogramm, was für ein Wort, was für ein novalishaft schönes Wort – diese Redakteure der Abteilung »Kulturelles Wort« oder einfach »Literatur«, die sahen ja aus, als verließen sie das Funkhaus nie, nie mehr. [...] Ich möchte behaupten, es habe damals in diesem ganzen Gelände keinen Manager gegeben. Es gab unentschlossene Gelehrte oder anonyme Dichter oder englisch gekleidete Historiker oder platonische Politiker oder bloße Käuze oder entlaufene Internatsvorsteher oder verhinderte Bischöfe oder gescheiterte Handelsherren oder endgültig heiser gewordene Tenöre oder dann doch vom Alkohol ereilte Schauspieler oder Pfeife rauchende Anarchisten oder vom Weltkrieg für immer verstörte Feuilletonisten oder einfach Flüchtlinge oder vom Wirtschaftswunder zutiefst verschreckte Lyriker, aber es gab keine Manager. [...]

Und in einem Interview sagte Walser einmal: »Ich bin ja vom Dorf, und das ist dasselbe hier. Diese Neckarstraße, das Haus mit der Kantine und allem drum und dran, war ein Dorf, da hast Du jeden gekannt.«

Vom ehemaligen SDR-Dorf wandern wir jetzt hinüber ins ehemalige Weingärtnerdorf, nämlich nach Gablenberg. Über die *Straußstaffel* hinab und rechts der *Bussenstraße* und *Aspergstraße entlang*, gelangen wir zur Kreuzung *Schwarenbergstraße*. Wir gehen nach zwei Ampelüberquerungen auf der rechten Seite die Schwarenbergstraße ein Stück abwärts, bis es wiederum rechts in den *Gablenberger Friedhof* hineingeht. Den anschließenden Fußweg gehen wir nun fast ganz bis zur Petruskirche hinunter. Rechter Hand fällt in der siebten Reihe von unten ein Grab mit einem großen schwarzen Granitblock auf.

Gablenberger Friedhof

Darauf findet man die Inschrift: »Familie Krumm-Laub Lenz«. Sind hier irgendwelche Schriftsteller begraben? Nicht ganz, aber fast:

Der Allerseelen-Sonntag war vorbei. Jetzt fiel ihr wieder ein, wie auf dem Gablenberger Friedhof der schwarze Marmorblock mit den bronzenen Namen LAUB und KRUMM zwischen zwei kugeligen Buchsbüschen gestanden war und der Vater gesagt hatte: »Da kommen wir auch einmal 'nei, gelt, Mäusle?« Wahrscheinlich war der Mutter dieses Wort recht unpassend erschienen, weil sie »Du mit deine Sprüch« gesagt und getan hatte, als müßte sie am Grab ein bißchen kratzen und Efeuschößlinge ausrupfen, die über die Umfassungsmauer hingen. Und nachher, in der Wirtschaft zum »Goldenen Hasen« (er war vergoldet und saß draußen über der Tür, sah aber rostig aus), die den Großeltern gehört hatte, damals in der besseren Vorkriegszeit, saßen sie im Nebenzimmer; früher war's die Stube der Mutter gewesen; weshalb der Vater zur Kellnerin sagte: »Von heut ab müsset ihr's ›Irenenstüble‹ heißen.« Margret lachte über das ›Irenenstüble‹ und steckte Eugen an. [...] Und alles war erst vorgestern gewesen, lag aber schon weit hinten.

Na, vorgestern war es nicht, diese Begebenheit liegt nun schon etwas weiter »hinten«, denn der hier erwähnte Vater und die Mutter liegen jetzt neben den Großeltern und den Urgroßeltern auch hier begraben. Irgendwann gingen der Stuttgarter Schriftsteller Hermann Lenz alias Eugen Rapp, seine Schwester Margret und seine Eltern Ende der 1920er-Jahre auf den Gablenberger Friedhof, so beschreibt Lenz es in seinem Roman »Andere Tage«. Lenz' Großvater besaß tatsächlich die Wirtsstube »Zum Hasen« in der Gablenberger Hauptstraße 91, dort, wo die Gastwirtschaft gleichen Namens sich heute immer noch befindet. Allerdings müsste das Zimmer »Elisenstüble« heißen, denn Hermann Lenz' Großmutter hieß Elise Krumm. Diese feinen Erfindungen hat sich Hermann Lenz in seinen autobiografischen Romanen dann doch erlaubt.

Nun verlassen wir den Gablenberger Friedhof, gehen rechts an der Kirche vorbei und kommen in die *Gablenberger Hauptstraße*. Dort gehen wir wiederum links, dann die nächste Querstraße rechts und gelangen in die *Schlößlestraße*. Schließlich erreichen wir die *Klingenstraße*. Nun stellen wir uns vor, dass wir hier zwei Buben auf dem Bürgersteig sitzen sehen, allerdings nicht heute, sondern in der Zeit nach dem Zweiten Weltkrieg:

Klingenstraße

Zwoe Buaba sitzat en dr Klengastrôß. Se sen Fraend. Koene bsonders dicke, halt weil se en dr gleicha Strôß wohnat.

»Dô soll dr Peter nôch dem Sommer ao nôh komma. S graust-am drvor.« Peter Schlack erzählt in »Gablenberger Gschichta« von den Ängsten des kleinen Peter vor der Schule.

Des hoeßt, bloß dr oene, dr Ältere, der wo kräftiger isch. Dr andere Bua, besser wär, wenn mr Biable saga dät, er isch nemlich arg zart, wia sae Muater älls secht, an schlechter Esser halt, der also wohnt net en dr Klengastrôß. Er isch bloß tagsiber dort, bei dr Oma, weil sae Mamma schaffa muaß. Obends, wenn dui Mamma vom »Schocken« kommt, wo se als Schuahvrkäufere schafft, holt se ihrn Bua bei dr Oma ab, ond se gehn mitnander d Gaißhämmertrôß nuff ond d Haoptstrôß nonder ens Heisle näbram Möhrle, dô wohnat se. Älls holt-an ao dr Papa, där kommt belder vom Gschäft, wenn-r net grad mit am TWS-Chor bei-ra Beerdigong senga muaß, ond s moeschtens äbbas später wird.

Dr Greßere von denne zwoe, wo dô em Kandel en dr Klengastrôß sitzat, er hôt stärche blonde Hôôr, isch dr Greine ond dr gloenere isch dr Peter. Se sitzat näbranander voram Haus, wo dr Greine wohnt.

Dr Greine isch scho en dr Schual, en dr zwoeta Klass, em alta Schualhaus geganiber vom Volkshaus. Dô soll dr Peter nôch dem Sommer ao nôh komma. S graust-am drvor. Grad dôdrwäga will-r vom Greine a paar Sacha wissa, obs vielleicht doch net so schlemm isch, wian-r denkt.

Nun erzählt der Greine dem Peter etwas angeberisch, auf was man alles achten muss in der Schule, lauter grausliche Sachen, zum Beispiel »Vrsetzung« oder »Klassaarbaeta« oder »sitza bleiba«. Die Erzählungen vom Greine machen alles nur noch viel schlimmer. Zwar hat der Peter bei der Schuluntersuchung nochmal eine Gnadenfrist bekommen. Er wird nun ein Jahr später eingeschult, weil er halt so zart ist. Doch schließlich kommt er doch noch in die Schule:

Dia Däg bis zom erschta Schualtag sen net zehlt worda. Er hôt gwißt, se kommat ao ozehlt schnell gnuag. Am Obend drvor secht sae Mamma: »Ets schlôf guat. S isch net so schlemm mit dr Schual. I hans ao iberstanda. Dr erschte Dag isch sowieso net schlemm. Ond pass uff, morga stôht äbbas näbram Bett, nôh gôhts leichter.«

Ond om-ams wirklich leichter z machat, isch dui Erschtklässlerguck koam mit Papier ausgstopft; s hen viel Bombola Platz ghet.

Wian-r morgens uffgstanda isch aus saem Bett en därra Wohnkiche, lehnt am Nachtisch dui Guck. Rot glänzt hôt se, Staniolpapier, mit amma Bildle druff. D Spitz isch aus Goldpapier, ond zuagmacht isch se mit amma greana Schloefle. Uff dem Bild, wo nôch am erschta Schualtag beim Photoschlienz en dr Gablenberger Hauptstrôß gmacht wird, guckt-r aegentlich ganz hoffnungsvoll en d Weltgeschicht nae.

Mittlerweile ist der Autor dieser Zeilen, der 1943 in Stuttgart geborene und in Gablenberg aufgewachsene Peter Schlack auch schon Lithograph, Sozialarbeiter in der Jugend- und Drogenberatung, Dichter, Künstler und Jazzmusiker geworden mit einem eigenen Verlag, und zahlreichen Gedichtbänden. Er hat sich also in der »Weltgeschicht« ganz schon »nômguckt«.

Falls Sie nun übrigens den Klingenbach suchen wie in der Kapitelüberschrift für diese Wanderung angekündigt, dann brauchen Sie nun etwas Fantasie: Sie befinden sich mitten, wenn auch nicht im, so doch auf dem Bach. Allerdings wurde der schon seit langem verdolt und hat nur im Namen des weiter unten folgenden Klingenbachparks »überlebt«. Der Bach floss ursprünglich in einer Klinge, also einer steilen Talkerbe, durch Gablenberg. Gehen wir nun aber trotzdem zu einem »Komiker am Klingenbach«, und zwar von der Klingenstraße ein kleines Stück links, dann rechts in die *Libanonstraße* und wieder links in die *Bergstraße* bis zum Haus *Bergstraße 86*.

Bergstraße 86

Erwähnen sollte man an dieser Stelle neben den ganzen Dichtern und Denkern einen legendären Stuttgarter, der hier

Oscar Heiler, rechts auf dem Bild als Häberle im Duo »Häberle & Pfleiderer« mit Willy Reichert, liebte es als junger Mann eher nackt und kommunistisch.

– die Gedenktafel zeigt es – lange Jahre in seinem Haus lebte: Der Schauspieler und Komödiant Oscar Heiler (1906–1995). Er schrieb zwar keine Gedichte, aber im Jahre 1931 übertrug er einen jiddischen Komikersketch ins Schwäbische. In diesem legendären Sketch namens »Die Friedenskonferenz« unterhalten sich dann zwei Stuttgarter namens Häberle und Pfleiderer auf Schwäbisch über eine Konferenz des Völkerbundes. Über vierzig Jahre lang spielten Oscar Heiler und Willy Reichert daraufhin Sketche dieser beiden Kunstfiguren und wurden damit in ganz Deutschland bekannt. Heiler spielt in diesen Sketchen den Häberle, eine Figur, die sich vornehm gibt und meist versucht, seinen »bruddeligen« Kompagnon wie ein besserwisserischer Spießbürger zu belehren. So war Oscar Heiler als Mensch allerdings gar nicht, als junger Mensch war er sogar Kommunist! In seiner biografischen Schrift »Bekenntnisse eines Komödianten« schreibt über seine Zeit in den 1920er-Jahren in Stuttgart:

Meine anderen Idole waren Rosa Luxemburg und Karl Liebknecht. Es hat mich in tiefster Seele empört, daß diese Koryphäen der Revolution auf viehische Weise von einer wilden, reaktionären Soldateska umgebracht wurden, wie Kurt Eisner und Gustav Landauer in München. […] Ich habe mir zur Konfirmation die »Briefe der Rosa Luxemburg« von meinem Onkel Adolf gewünscht. [...] Aber meine Mutter hat den Kopf geschüttelt: »Ja, wo der Bub des bloß her hat? Daß der Spartakist ist! Und sein Vater war doch so nationalliberal und ein Kommunalpolitiker!« Aber damals schlug eben beim geistigen Deutschland allgemein das Herz links. Es heißt ja: Wer in der Jugend nicht Kommunist ist, hat kein Herz. Wer es im Alter immer noch ist, hat keinen Verstand.

Ich habe also dann, von Friedrich Wolf infiziert, durch einen jungen Kollegen Anschluß an eine FKK-Gruppe gefunden, die oberhalb von Winnenden ein kleines Gelände hatte. Wir waren alle junge Leute zwischen 18 und 90 Jahren. Unser Leiter war ein junger Malermeister, nebenbei Funktionär der KPD. Wir waren alle gleichgesinnt, radikal. Wir wollten provozieren, ärgern, waren aggressiv gegen das Muckertum, gegen die Spießbürgerlichkeit. Wir waren Rebellen!

Seinen Verstand hat Oscar Heiler nicht verloren, wohl aber mit 24 Jahren sein Bein. Es musste ihm wegen eines Krebsgeschwürs amputiert werden. Dies war für den angehenden Schauspieler eine Katastrophe. Seine Rettung waren eben die Sketche mit Willy Reichert, da spielte die körperliche Beweglichkeit keine Rolle.

Wir gehen nun die Bergstraße weiter hinunter bis zur *Wagenburgstraße*, biegen nach links und sind bald wieder an der *Gablenberger Hauptstraße*. Wenn wir schon zwei Buben in der Klingenstraße in der Nachkriegszeit zuhören, dann lassen wir uns doch auch einmal die Geschichte eines Banküberfalls erzählen, der hier in den 1930er-Jahren in der *Gablenberger Hauptstraße 1* tatsächlich stattfand. Unter der Adresse finden Sie heute einen Tabakwarenladen und eine »Sportbar«, davor war hier ein Reisebüro:

Gablenberger Hauptstraße 1

Als die Schwingtür aufgeht, betreten [...] zwei bleiche Burschen den Schalterraum.

Gutangezogene Burschen in Knickerbockers, teuren Tweedmänteln und mit nach hinten gekämmten Haaren.

»Guten Morgen, die Herren, was kann ich für Sie tun?«

Da deutet schon eine Pistole auf Feuersteins Stirn. Über den Lauf hinweg fixiert ihn der kleinere Bursche mit grünen Augen und schweigt. Der zweite Bursche, ein langer und schlaksiger Kerl, hat keine Pistole. Der steht nur daneben und tut verlegen. Feuerstein wartet ab, was weiter geschieht. Da die Burschen schweigen, zieht er die Kassenschublade heraus und legt ein Bündel Notengeld auf den Schalter.

[…] Der alte Lindner im Hinterraum merkt von alldem nichts. Er trinkt bedächtig seinen Kaffee aus, stellt die Tasche geräuschlos aufs Tablett, rückt Rock und Schlips zurecht und hinkt nach vorn in den Schalterraum. Alle erschrecken: Lindner über die Pistole vor Feuersteins Stirn; die zwei Räuber über den unerwartet auftauchenden Lindner; und Feuerstein über den Schreck in den Gesichtern der Räuber.

So springt der Schreck von einem zum andern […] und dann löst sich eine Kugel Kaliber 7,65 Millimeter aus der Pistole. Sie durchbohrt Feuersteins Stirn, der Hinterkopf explodiert. Julius Feuerstein […] ist schon tot, als er im Fallen die offen stehende Kassenschublade herunterreißt. […]

An der Stelle, an der Julius Feuerstein starb, werden viele Jahre später zwei weiße Schreibtische mit zwei weißen Computern stehen. Die Räume beherbergen keine Bank mehr, sondern ein Reisebüro. […] An den Tischen sitzen zwei freundliche junge Damen; wenn man ihnen vom Banküberfall erzählt, sehen sie gleichzeitig zu Boden, wie um nachzuschauen, ob auf dem Nadelfilzteppich etwa noch Blutflecken auszumachen seien, und rufen einstimmig im herzerwärmenden Schwäbisch: »Ja, waa!«

Der Schweizer Autor Alex Capus erzählt uns in »Fast ein bisschen Frühling« von einem Banküberfall in der Gablenberger Hauptstraße in den 1930er-Jahren.

Der Schweizer Autor Alex Capus erzählt uns in dem Roman »Fast ein bisschen Frühling« die Geschichte der beiden jungen Burschen Kurt Sandweg und Waldemar Felte aus Wuppertal, die sich ihr Geld für ihre Reise nach Indien auf etwas unlautere Weise verdienen wollten. In Basel kamen sie allerdings nicht weiter, weil sie sich dort in eine Schallplattenverkäuferin verliebten und jeden Tag eine Tango-Platte kauften, um wieder einen Grund für ein Treffen mit ihr zu haben. Die Großmutter von Alex Capus war die Freundin dieser Verkäuferin und ging zweimal mit den beiden Bankräubern am Rhein spazieren.

Die Geschichte geht schließlich übel aus. Wie das legendäre US-amerikanische Verbrecherpaar »Bonnie & Clyde« finden beide ein trauriges Ende. In einem Park in Basel richten sie die Pistolenläufe gegen sich selbst, nachdem sie noch mehrere Polizisten erschossen hatten.

Sie haben nun auch das Ende dieses Spaziergangs erreicht, hoffentlich ging alles glimpflich ab, ohne Banküberfälle und sonstige Kalamitäten.

Von der Ecke *Gablenberger Hauptstraße/Wagenburgstraße* erreichen Sie in wenigen Metern die *Bushaltestelle »Wagenburgstraße«* in der *Ostendstraße*, der Verlängerung der Gablenberger Hauptstraße.

Bushaltestelle »Wagenburgstraße«

Zum Weiterlesen

Stuttgart allgemein

Brandstätter, Horst/Holwein, Jürgen (Hrsg.): Stuttgart – Dichter sehen eine Stadt. Stuttgart 1989.

Häussermann, Titus (Red.): Treppauf, treppab in Stuttgart – Stäffeles-Spaziergänge und Verschnaufpausen. Tübingen 2009.

Landeshauptstadt Stuttgart (Hrsg.): Die Stuttgarter Straßennamen. Tübingen 2007.

Ferchl, Irene: Geschichten aus Stuttgart. Tübingen 2011.

Skrentny, Werner u. a. (Hrsg.): Stuttgart zu Fuß. 20 Stadtteil-Streifzüge durch Geschichte und Gegenwart. Tübingen 2011.

Tour 1:

Bauer, Joe: Schwaben, Schwafler, Ehrenmänner – Spazieren und vor die Hunde gehen in Stuttgart. Berlin 2009.

Buthge, Werner: Vom Feuersee zum Birkenkopf. Streifzüge durch den Stuttgarter Westen. Stuttgart 2006.

Eggers, Boris (Hrsg.): Cäsar Flaischlen. Von Alltag und Sonne. Gedichte in Prosa. Leipzig 2002.

Kirschner, Sascha: Bruno Frank (1887–1945) – Leben und Werk. Düsseldorf 2009.

Lenz, Hermann: Ein Fremdling. Frankfurt a. M. 1988.

Pfäfflin, Friedrich: Levy & Müller – Verlag der Herold-Bücher. Stuttgart 2010.

Spuren 2; Michael Kienzle, Dirk Mende: Dr. Friedrich Wolf, Stuttgart, Zeppelinstraße 43. Marbach a. N. 1992.

Steinecke, Hartmut (Hrsg.): Nikolaus Lenau. Gedichte. Ditzingen 1986.

Stephan, Susanne: Gegenzauber. Gedichte. Tübingen 2008.

Uhlman, Fred: Der wiedergefundene Freund. Zürich 1998.

Tour 2:

Bächer, Max: Mehr als umbaute Luft. Betrachtungen über Architektur und Zeitgeschichte. Stuttgart und Leipzig 2008.

Bosch, Manfred: Vom Leben und Schreiben. Manfred Bosch gratuliert Agathe Kunze zum 90. Geburtstag. In: Literaturblatt für Baden-Württemberg, Ausgabe 1/2007.

Graf, Klaus: Sagen rund um Stuttgart. Karlsruhe 1995.

Hannsmann, Margarete: Raubtier Tag. Gedichte. Stuttgart 1989.

Kress, Wolfgang: Das Freilichttheater im Bopserwald. Eine fast vergessene Stätte der Schiller-Verehrung in Stuttgart. Stuttgart 2009.

Lenz, Hermann: Seltsamer Abschied. Frankfurt a. M. 1988.

Müller, Hermann (Hrsg.): Gusto Gräser. Aus Leben und Werk. Bruchstücke einer Biographie. Vaihingen/Enz 1987.

Poethen, Johannes: Wer hält mir die Himmelsleiter. Karlsruhe 1988.

Sauer, Paul: Wenn Liebe meinem Herzen fehlt, fehlt mir die ganze Welt. Herzogin Wera von Württemberg, Großfürstin von Russland (1854–1912). Filderstadt 2007.

Seibold, Jürgen: Bloß keine Maultaschen. Tübingen und Lahr/Schwarzwald 2010.

Tour 3:

Grieb, Erwin; Bartelmess, Walter; Widmaier, Gerhard: Liebes altes Vaihingen a. d. F. Horb am Neckar 2008.

Jeschke, Mathias: Das Gebet der Ziege. Gedichte. Dresden 2010.

Karasek, Hellmuth: Auf der Flucht. Erinnerungen. Ullstein 2004.

Keßler, Rose C.; Lehman, Rolf: Albrecht Goes. Alles ist nahe. Ein Schwabe sieht Schwaben. Stuttgart 2009.

Kluge, Hanno; Walz, Hermann: Friedrich E. Vogt. Nachlese. Schwäbisch-Lyrisches und Biografisches. Tübingen 2005.

Lahme, Tilmann: Golo Mann. Biografie. Frankfurt a. M. 2009.

Mezger, Walter: 's Vaihinger Rädle ond andere Geschichtle ond Gedichtle aus Vaihingen ond Rohr. Stuttgart 1984.

Seiler, Dietmar; Grieb, Erwin; Bach, Julius, Wieland, Gisela: Der Vaihinger Opa erzählt. Stuttgart 2002.

Speidel, Dietmar: Vaihingen auf den Fildern. Das verschwundene Dorf. Erfurt 2009.

Tunnat, Frederik D.: Karl Vollmoeller. Dichter und Kulturmanager. Eine Biografie. Hamburg 2008.

Tour 4:

Apitz, Bruno: Nackt unter Wölfen. Roman. Berlin 1998.

Bruder, Hermann: Untertürkheim und Rotenberg. Herzstück im Schwabenland. Ein Heimatbuch. Stuttgart 1983.

Durst-Benning, Petra: Die Zuckerbäckerin. Roman. München 2008.

Hauff, Wilhelm: Lichtenstein. Romantische Sage aus der württembergischen Geschichte. Ditzingen 1988.

Haug, Gunter: So war die Zeit – Lebensgeschichten aus den Aufbaujahren. Rothenburg o. d. T. 2008.

Haug, Regine: Untertürkheimer Sternschnuppen. Stuttgart.

Nägele, Olaf: Maultaschi Goreng – Muntere Geschichten aus dem schwäbischen Alltag. Tübingen 2007.

Schlotterbeck, Friedrich: Je dunkler die Nacht … – Erinnerungen eines deutschen Arbeiters 1933–1945. Gabriele Walter Verlag, Stuttgart 1986.
Spuren 26; Maria-Verena Leistner: Wilhelm Müllers Schwabenreise 1827. Marbach a. N. 1994.
Walz, Roland: I ben Onderdirkheimer. Stuttgart.

Tour 5:

Fischle, Bernd: Aus der Hüfte kommt der Schwung. Stuttgart 1982.
Gröper, Reinhard: Vom Glück, bei großen Gärten zu wohnen. Kindheit und Jugend in Schlesien, Sachsen und Württemberg. München 2006.
Hagel, Jürgen: Cannstatt und seine Geschichte. Stuttgart 2007.
Hesse, Hermann: Kindheit und Jugend vor Neunzehnhundert, Band 1. 1877–1895. Frankfurt a. M. 1984.
Lippelt, Christoph: In Banjos Schatten. Marbach a. N. 2004.
Mitsch, Werner: Wer den Wal hat, hat die Qual. München 1989.
Ramge, Sigrid: Cannstatter Zuckerle. Ein Stuttgart-Krimi. Tübingen 2010.
Schmid, Manfred: 250000 Jahre Cannstatter Geschichte. Stuttgart 1989.
Spuren 71; Blöcker, Karsten: »›Es ist kein Schmerz, es ist … eine unbestimmte Qual.‹ Christian Buddenbrook zur Kur in Bad Boll, Bad Cannstatt und Esslingen«. Marbach a. N. 2005.
Stroheker, Hans: Cannstatter Zeiten. Unsere Stadt zu ehren. Stuttgart 1979.

Tour 6:

Busse, Fritz: Neue Stuttgarter Skizzen von Kennern, Liebhabern und Kritikern. Stuttgart 1962.
Capus, Alex: Fast ein bißchen Frühling. München 2004.
Heiler, Oscar: Bekenntnisse des Komödianten Oscar H. Gerlingen 1991.
Kulturtreff Stuttgart Ost (Hrsg.): Ostwege. Stuttgart-Ost neu entdecken. Wege 1–7.
Kurz, Jörg: Die Gänsheide. Geschichte und Kultur. Stuttgart 2007.
Lenz, Hermann. Andere Tage. Frankfurt a. M. 1978.
Marbacher Magazin 81; Bendt, Jutta; Fischer, Heinrich: Friedrich Wilhelm Hackländer. 1816–1877. Marbach a. N. 1998.
Schlack, Peter: Gablenberger Gschichta. Stuttgart 1994.
Walser, Martin: Werke in 12 Bänden. Bd. 11. Ansichten, Einsichten. Aufsätze zur Zeitgeschichte. Frankfurt a. M. 1997.
Zach, Manfred: Monrepos oder die Kälte der Macht. Tübingen 1996.

Dank

Der Autor dankt besonders folgenden Personen für die hilfreiche Unterstützung bei den Recherchen: Hermann G. Abmayr, Melanie Bächer, Rainer Becker, Margit Beilharz-Homann, Fritz Endemann, Rosemarie Fröhlich-Haug, Helmuth Gann, Annette Hauser, Heidrun Küster, Jörg Kurz, Wolfgang Kress, Tilmann Lahme, Usch Pfaffinger, Peter Pohlmann, Klaus F. Schneider, Olaf Schulze, Frederik D. Tunnat, Heinz Wacker.

Außerdem herzlichen Dank an folgende Verlage und Autoren, die Abdruckgenehmigungen erteilt haben:

Abdruck des Gedichts »A Schduergerder Schdäffeles- on Drebbadexdle« von Helmut Pfisterer mit freundlicher Genehmigung der Silberburg-Verlag GmbH, Tübingen und Lahr/ Schwarzwald. Entnommen aus: Treppauf, treppab in Stuttgart. Silberburg-Verlag, Tübingen 2006.

Abdruck des Zitats von Sudabeh Mohafez mit freundlicher Genehmigung der Autorin.

Abdruck des Zitats aus »Der wiedergefundene Freund« von Fred Uhlman mit freundlicher Genehmigung des Diogenes Verlags, Zürich. Entnommen aus: Fred Uhlman, Der wiedergefundene Freund, aus dem Englischen von Felix Berner. Copyright der deutschsprachigen Ausgabe © Diogenes Verlag AG, Zürich 1997.

Abdruck des Zitats aus »Schwaben, Schwafler, Ehrenmänner« von Joe Bauer mit freundlicher Genehmigung des Autors. Entnommen aus: Schwaben, Schwafler, Ehrenmänner: Spazieren und vor die Hunde gehen in Stuttgart. Edition Tiamat, Berlin 2009.

Abdruck des Gedichts von Gilbert Fels mit freundlicher Genehmigung des Autors.

Abdruck der Zitate aus Werken von Hermann Lenz mit freundlicher Genehmigung des Insel Verlags und des Suhrkamp-Verlags, Berlin. Entnommen aus: Hermann Lenz, Der Fremdling, S. 210ff.

© Insel Verlag, Frankfurt am Main 1983; Hermann Lenz, Seltsamer Abschied, S. 114f. © Suhrkamp Verlag, Frankfurt am Main 1988; Hermann Lenz, Andere Tage. © Suhrkamp Verlag, Frankfurt am Main 1978.

Abdruck des Zitats von Susanne Stephan mit freundlicher Genehmigung der Autorin.

Abdruck des Zitats aus »Bloß keine Maultaschen« von Jürgen Seibold mit freundlicher Genehmigung der Silberburg-Verlag GmbH, Tübingen und Lahr/Schwarzwald. Entnommen aus: Jürgen Seibold, Bloß keine Maultaschen. Silberburg-Verlag, Tübingen und Lahr/Schwarzwald 2010.

Abdruck des Zitats von Manfred Bosch mit freundlicher Genehmigung des Autors.

Abdruck der Zitate von Gusto Gräser mit freundlicher Genehmigung von Hermann Müller, Freudenstein.

Abdruck des Zitats von Irmela Brender mit freundlicher Genehmigung der Silberburg-Verlag GmbH, Tübingen und Lahr/Schwarzwald. Entnommen aus: Treppauf, treppab in Stuttgart. Silberburg-Verlag, Tübingen 2006.

Abdruck des Gedichts »Schreiben« von Margarete Hannsmann mit freundlicher Genehmigung des Klett-Cotta Verlags. Entnommen aus: Margarete Hannsmann, Raubtier Tag – Gedichte. Klett-Cotta, Stuttgart 1989.

Abdruck des Gedichts »Am hellen mittag gelegentlich« von Johannes Poethen mit freundlicher Genehmigung von Magdalena Poethen, Hürth. Entnommen aus: Wer hält mir die Himmelsleiter – Gedichte 1981–1987. G. Braun Buchverlag, Karlsruhe 1988.

Abdruck des Zitats von Tanja Jeschke mit freundlicher Genehmigung der Autorin.

Abdruck des Gedichts aus »Volare necesse est« von Karl Vollmoeller mit freundlicher Genehmigung des Schiller-Nationalmuseums, Marbach a. N. Entnommen aus: Herbert Steiner (Hg.): Karl Gustav Vollmoeller – Gedichte – Eine Auswahl. © Schiller-Nationalmuseum, Marbach a.N. 1960.

Abdruck des Gedichts »Goldglänzender Rosenkäfer« von Mathias Jeschke mit freundlicher Genehmigung des Autors. Entnommen aus: Das Gebet der Ziege – Gedichte. Edition Azur, Dresden 2010.

Abdruck des Zitats von Felicia Zeller mit freundlicher Genehmigung der Autorin.

Abdruck des Zitats von Jürgen Stelling mit freundlicher Genehmigung des Autors.

Abdruck des Zitats von Walter Mezger mit freundlicher Genehmigung des Autors. Entnommen aus: 's Vaihinger Rädle. Verlag Karl Scharr, Stuttgart 1984.

Abdruck des Zitats von Dietmar Seiler mit freundlicher Genehmigung des Autors.

Abdruck des Zitats von Horst Brandstätter mit freundlicher Genehmigung von Ulrike Brandstätter, Heidelberg. Entnommen aus: Es gibt Sonnen genug – Geburtstagsbuch für Christian Wagner. Jürgen Schweiher Verlag, Kirchheim/Teck 1985.

Abdruck des Zitats von Golo Mann mit freundlicher Genehmigung des S. Fischer Verlags. Entnommen aus: Golo Mann, Man muss über sich selbst schreiben – Erzählungen, Familienporträts, Essays. Hrsg. von Tilman Lahme. © S. Fischer Verlag GmbH, Frankfurt am Main 2009.

Abdruck der Zitate von Albrecht Goes mit freundlicher Genehmigung von Rose Keßler, München. Entnommen aus: Alles ist nahe. Ein Schwabe sieht Schwaben. Hrsg. von Rose Keßler und Rolf Lehmann. Edition Evangelisches Gemeindeblatt, Stuttgart 2009.

Abdruck des Zitats von Hellmuth Karasek mit freundlicher Genehmigung des Ullstein Verlags Berlin. Entnommen aus: Hellmuth Karasek, Auf der Flucht. Erinnerungen. © Ullstein Verlag, Berlin 2004.

Abdruck des Gedichts »drzwischa« und des Zitats von Friedrich E. Vogt mit freundlicher Genehmigung von Margrit Beilharz-Homann, Tübingen. Entnommen aus: Nachlese. Schwäbisch-Lyrisches und Biografisches. Zusammengetragen von Hanno Kluge und Hermann Walz. Silberburg-Verlag, Tübingen 2005.

Abdruck des Zitats der Rohrer Waldhexen mit freundlicher Genehmigung von Martin Heinrichs, Stuttgart.

Abdruck des Zitats aus »Die Zuckerbäckerin« von Petra Durst-Benning mit freundlicher Genehmigung des Ullstein Verlags Berlin. Entnommen aus: Petra Durst-Benning, Die Zuckerbäckerin, © Ullstein Verlag, Berlin 2002.

Abdruck des Zitats aus »So war die Zeit. Lebensgeschichten aus den Aufbaujahren« von Gunter Haug mit freundlicher Genehmigung des Autors. Entnommen aus: Gunter Haug, So war die Zeit – Lebensgeschichten aus den Aufbaujahren. Rotabene-Medienhaus, Rothenburg o. d. T. 2008.

Abdruck des Zitats aus »Je dunkler die Nacht« von Friedrich Schlotterbeck mit freundlicher Genehmigung von Ulrich Gohl. Entnommen aus: Friedrich Schlotterbeck, Je dunkler die Nacht …: Erinnerungen eines deutschen Arbeiters 1933–1945. Gabriele Walter Verlag, Stuttgart 1986.

Abdruck des Zitats aus »Maultaschi Goreng« von Olaf Nägele mit freundlicher Genehmigung der Silberburg-Verlag GmbH, Tübingen und Lahr/Schwarzwald. Entnommen aus: Olaf Nägele, Maultaschi Goreng. Silberburg-Verlag, Tübingen 2007.

Abdruck des Zitats von Roland Walz aus »I ben Onderdirkheimer« mit freundlicher Genehmigung des Autors.

Abdruck des Limericks von Roland Henss mit freundlicher Genehmigung des Autors.

Abdruck des Liedtextes »Untertürkheimer Wein« mit freundlicher Genehmigung von Klaus Enslin, Stuttgart.

Abdruck des Gedichts von Regine Haug aus »Untertürkheimer Sternschnuppen« mit freundlicher Genehmigung der Autorin.

Abdruck des Zitats aus »Nackt unter Wölfen« von Bruno Apitz mit freundlicher Genehmigung des Aufbau-Verlags. Entnommen aus: Bruno Apitz: Nackt unter Wölfen. Roman. © Aufbau Verlag GmbH & Co. KG, Berlin 1998, 2011.

Abdruck des Zitats aus »Vom Glück, bei großen Gärten zu wohnen« von Reinhard Gröper mit freundlicher Genehmigung des Bergstadt Verlags. Entnommen aus: Reinhard Gröper, Vom Glück, bei großen Gärten zu wohnen – Eine Kindheit in Schlesien, Sachsen und Württemberg. © Bergstadt Verlag Wilhelm Gottlieb Korn, Würzburg 2006.

Abdruck des Zitats aus »Cannstatter Zuckerle« von Sigrid Ramge mit freundlicher Genehmigung der Silberburg-Verlag GmbH, Tübingen und Lahr/Schwarzwald. Entnommen aus: Sigrid Ramge, Cannstatter Zuckerle. Silberburg-Verlag, Tübingen und Lahr/Schwarzwald 2010.

Abdruck des Zitats aus »Der Zauberberg« von Thomas Mann mit freundlicher Genehmigung des © S. Fischer Verlags, Frankfurt am Main. Entnommen aus: Thomas Mann, Der Zauberberg. S. Fischer Verlag, Berlin 1924.

Abdruck des Zitats aus »Demian« von Hermann Hesse mit freundlicher Genehmigung des Suhrkamp Verlags, Berlin. Textauszug aus: Hermann Hesse, Demian. Die Geschichte von Emil Sinclairs Jugend, in: ders., Sämtliche Werke in 20 Bänden. Hrsg. v. Volker Michels, Band 3: Roßhalde, Knulp, Demian, Siddhartha. © Suhrkamp Verlag, Frankfurt am Main 2001. Alle Rechte bei und vorbehalten durch Suhrkamp Verlag Berlin.

Abdruck des Zitats aus »Kindheit und Jugend vor 1900. Hermann Hesse in Briefen und Lebenszeugnissen 1877–1895« mit freundlicher Genehmigung des Rechteinhabers (dem Verlag bekannt). Entnommen aus: Kindheit und Jugend vor Neunzehnhundert. Hermann Hesse in Briefen und Lebenszeugnissen, 1877–1895. Suhrkamp-Verlag, Frankfurt a. M. 1966.

Abdruck der Gedichte »Ein normaler Tag« und »Wie ist es im Himmel?« mit freundlicher Genehmigung von Harry Fischer.

Abdruck des Zitats von Thaddäus Troll mit freundlicher Genehmigung der Silberburg-Verlag GmbH, Tübingen und Lahr/Schwarzwald. Entnommen aus: Cannstatter Zeiten, Verlag Horst Poller, Stuttgart 1979.

Abdruck des Zitats aus »Banjos Schatten« von Christoph Lippelt mit freundlicher Genehmigung des Autors. Entnommen aus: Christoph Lippelt, In Banjos Schatten – Betrachtungen, Ereignisse, Verwandlungen. Alkyon-Verlag, 2004.

Abdruck des Gedichts »Liebeszug den Neckar entlang« aus »Aus der Hüfte kommt der Schwung. Bernd Fischle. Gedichte« mit freundlicher Genehmigung des Autors. Entnommen aus: Manfred Esser und Wolfgang Kiwus (Hg.), Aus der Hüfte kommt der Schwung. Bernd Fischle. Gedichte. 1981 Edition Künstlerhaus, Stuttgart.

Abdruck des Gedichts von Max Bense aus »Futura 3. Tallose Berge« mit freundlicher Genehmigung von Elisabeth Walther-Bense, Stuttgart.

Abdruck des Gedichts »Die Werkstatt« von Albrecht Leo Merz mit freundlicher Genehmigung von Dr. Volker Merz.

Abdruck des Gedichts »O Heimatland« von Thaddäus Troll mit freundlicher Genehmigung der Silberburg-Verlag GmbH, Tübingen und Lahr/Schwarzwald. Entnommen aus: Thaddäus Troll, O Heimatland. Silberburg-Verlag, Tübingen 2006.

Abdruck des Zitats aus »Monrepos oder die Kälte der Macht« von Manfred Zach mit freundlicher Genehmigung des Klöpfer & Meyer Verlags, Tübingen. Entnommen aus: Manfred Zach, Monrepos oder die Kälte der Macht. © Klöpfer & Meyer, Tübingen 1996.

Abdruck des Zitats aus »Geburtstag einer Oase« von Martin Walser mit freundlicher Genehmigung des Autors.

Abdruck des Zitats von Peter Schlack aus »Gablenberger Gschichta« mit freundlicher Genehmigung des Autors. Entnommen aus: Peter Schlack, Gablenberger Gschichta. Stuttgart 1994.

Abdruck des Zitats von »Fast ein bißchen Frühling« von Alex Capus mit freundlicher Genehmigung des Carl Hanser Verlags, München. Entnommen aus: Alex Capus, Fast ein bißchen Frühling, © 2004 Deutscher Taschenbuch Verlag München.

Der Silberburg-Verlag dankt den Rechteinhabern für die Abdruckgenehmigungen. In einigen Fällen konnten die Rechteinhaber nicht ermittelt werden. Hier ist der Verlag selbstverständlich bereit, nach Anforderung rechtmäßige Ansprüche abzugelten.

Bildnachweis

André Albrecht: Seite 173.
Antiquariat Dr. Haack, Leipzig: Seite 134.
Archiv Johannes Poethen: Seite 55.
Archiv Schukraft: Seite 99.
Buddenbrookhaus/Heinrich-und-Thomas-Mann-Zentrum Lübeck: Seite 135.
Bundesarchiv: Titelbild (Hannsmann), Seite 28, 57.
Chrumps: Seite 71.
Deutsches Literaturarchiv Marbach: Seite 125.
Harry Fischer: Seite 138.
Haus der Geschichte Baden-Württemberg: Seite 81.
Marlyse Kernwein-Janzer: Seite 4
Michael Kipp: Seite 79.
Markus Kirchgessner: Seite 21.
Thomas Kunz: Seite 74, U4 (Mitte).
Literaturarchiv Bern: Seite 85.
Bernd Möbs: Seite 7, 16, 17, 20, 44 (oben), 46 (oben), 49, 56, 57, 59, 67, 77, 84, 90, 94, 104, 108, 110, 112, 119, 128, 139, 141 (oben), 158, 160, 165
Yves Noir/Olaf Nägele: Seite 106.
PPfotodesign/Joe Bauer: Seite 25.
Privat: Seite 23, 66, 82, 87, 129, 143, 145, 152, 169.
Niels Schubert: Titelbild.
Staatsarchiv Ludwigsburg: Seite 131.
Stadtarchiv Calw: Seite 136.
Sven Teschke: Seite 89 (oben).
Verlag Klöpfer & Meyer: Seite 124, U4 (unten).
Heinz Wacker: Seite 27.

Foto Seite 12 aus: Friedrich Pfäfflin, Levy & Müller. Verlag der »Herold-Bücher« Stuttgart, Stuttgart 2010. Mit freundlicher Genehmigung von Friedrich Pfäfflin.
Foto Seite 46 (unten) aus: Hermann Lenz: »Seltsamer Abschied«, Insel-Verlag Frankfurt am Main, 1988. Mit freundlicher Genehmigung des Suhrkamp Verlags.

Alle anderen Fotos Archiv Silberburg-Verlag.

Personenregister